LOS MIL MEJORES CHISTES

LOS MIL MEJORES CHISTES

DISTRIBUIDORA
A.L. MATEOS, S.A.
Marcelina, 23. 28029-MADRID

ISBN: 84-7656-167-9
Déposito legal: B-23.964-91
Printed in Spain
Impreso en España por:
Binicros, S.L.
Avda. Catalunya, 130-Tl. 562.22.02
Parets del Valles 08185

- SI ES CARA, TU LLEGAS TARDE A LA OFICINA, Y SI ES CRUZ ELLA LLEGARÁ TARDE A LA ESCUELA.

- ¿LE IMPORTA QUE USE SU TELÉFONO, STELLA? A MI MARIDO NO LE GUSTA QUE HAGA LLAMADAS DE LARGA DISTANCIA POR EL NUESTRO...

- DICE QUE LAS CEBOLLAS HAN DE SER PLANTADAS A MUCHA PROFUNDIDAD.

El padre del niño torpón, que siempre ha sido el último en la clase, ve con asombro que su retoño le presenta un certificado médico por el cual se le da de baja en la escuela.

—¿Cómo? ¿Que tú padeces cansancio mental? ¡El médico que te ha examinado debe ser idiota!

* * *

Se hablaba delante de la célebre Marie-Chantal de la «belleza del diablo» y alguien comentó cuán difícil resultaba definir ésta.

—Nada de eso —terció Marie-Chantal—. Cuando se dice que una mujer tiene la «belleza del diablo» quiere decirse que tiene mucho más ENCANTO que ENCANTOS.

* * *

Nota necrológica... anticipada

Base Naval de Pitiminí, 13. – Los marinos Tim y Tom, pertenecientes a la tripulación del acorazado «EL TRAGAMILLAS», decidieron comprobar por sí mismos si era cierto que los torpedos «Plon» disponen de un mecanismo automático para dar en el blanco, aun cuando éste se desvíe de ruta.

-¿NO ME RECUERDA, SEÑOR TURNES? YO ERA EL QUE ME ENCARGABA DE TODAS LAS COLECTAS EN SU OFICINA.

- ¡TE FELICITO HIJO, VEO QUE HAS TENIDO BUEN GUSTO!

- ESTE COMBINADO ES REALMENTE DE PRIMERA CLASE, SEÑORA, LO MEZCLÉ YO MISMO.

Desgraciadamente, los marinos Tim y Tom no pudieron informar de su experiencia, ni dar detalles del éxito de la misma.

* * *

Base Naval de Tonticópilis, 13. – El Alto Mando de esta base ha citado la orden de que los reclutas recién incorporados no podrán festejar la llegada del Año Nuevo, utilizando los cañones de la base para lanzar cohetitos.

Teatro Varietis: Ofrece la ejecución del conocido autor teatral Paseo Paseando, prolífico artífice de mil y tres «rollos» por los cuales se le dará garrotazo vil.

* * *

Hallazgos

Se ha encontrado balcón encima de caballero distraído. Se gratificará al que identifique al segundo.

* * *

Ha sido hallado un sombrero enorme con señora pequeñita debajo, por lo rollo que ha resultado en comisaría los agentes gratificarán a quien demuestre –o interese– ser su dueño. ¡Vengan pronto!

* * *

Dentro ds un taxi se ha encontrado una cartera abarrotada de billetes de a 100 dólares pieza, todos ellos más falsos que Judas; a quien demuestre ser su dueño se le gratificará espléndidamente con abono para residencias

- ¡PAPÁ, POR FIN TE HAN ATRAPADO!

-HAZ COMO SI NO LE VIERAS: SE TIENE POR MUY LISTO.

estatales, con derecho a habitación individual por larga temporada.

* * *

Tele-Consultorio a cargo de: Hilario Da Rollo Doctor en Bromistología.

Muy ilustre profesor Da Rollo:
Tengo fama de ser un cirujano muy eminente, pero al mismo tiempo soy muy distraído. El otro día, operando de peritonitis a un paciente me olvidé unas tijeras nuevas dentro de su barriga. Como se trata de un individuo de pocos recursos, no me atrevo a decirle que hay que operarlo otra vez, y yo, francamente, gratis no trabajo. ¿Qué solución se le ocurre?

RESPUESTA
Compra otras tijeras.

* * *

Simpatiquísimo profesor Da Rollo:
Soy una muchachita de 19 años, y mis medidas son las mismas que las de Jayne Mansfield (40-12-36), lo que hace que siempre esté rodeada de admiradores y más cuando voy a la playa. Pero tengo un grave problema y es que en este pueblo hay muchos mosquitos y me tienen morada a picotazos. Confío en que usted podrá ayudarme en esta situación tan desesperada.

RESPUESTA
Comprendo a los mosquitos, pero tú, ¿has probado a ponerte más ropa?

- ¡PUES ESO ES LO MALO! MI PADRE TAMBIÉN SE ACUERDA DE LO QUE ES SER JOVEN...

- VENGA, SEÑOR PÉREZ... ¡QUIERO PRESENTARLE A MI HIJA! NO VERÁ NUNCA UNA MUCHACHA DE UNAS MEDIDAS TAN PROPORCIONADAS...

-YO NO SÉ CÓMO LA GENTE VA A ESQUIAR CON LAS AVALANCHAS QUE HAY ALLÍ ARRIBA...

-EN LUGAR DE SER TAN CORTES E IMPONERME UNA MULTA, ¿NO PODRÍA TRATARME MÁS RUDAMENTE, CHILLARME UN POCO Y LUEGO NO DENUNCIARME?

Pérdidas

Salem, 13. – El conocido violinista Totokosky ha notificado a las autoridades la pérdida de su violín. Ofrece una recompensa de 1.000 dólares numismáticos a quien se lo devuelva sano y salvo.
NOTA. –Los vecinos de Totokosky ofrecen el doble si no lo devuelven.

* * *

Se han perdido simultáneamente un cajero y el contenido de una caja fortísima de Banco. Se gratificará la devolución de lo segundo. Para lo primero sólo acepta informes la «poli». Las noticias que se tengan de lo segundo serán muy bien recibidas en el Banco de la Prosperidad, calle del Desconsuelo, 1313.

* * *

Se extravió mamá política. ¡MATARE AL QUE LE INDIQUE EL CAMINO PARA VOLVER A CASA! Don Tranquilino Comeajos. Avda. de la Esperanza, 444.

* * *

Perdida cartera de piel de coleóptero con iniciales en chatarra, imitación oro. Contiene importante documentación y fotografías que sólo interesan al dueño. Hay también una pequeñez de 500.000 pesetas. Se gratificara su dtvolución por tratarse de recuerdo de familia. Inocencio Credulón. Calle de Herodes, número 1001.

* * *

—¿TÚ ERES NUEVO AQUÍ, VERDAD?

—¿ES CIERTO ESO QUE DICEN QUE ME VAS A SUSTITUIR POR UN CEREBRO ELECTRÓNICO?

—ESTO NO QUIERE DECIR QUE EL SILLÓN SEA CÓMODO... MI AMIGA SE DUERME EN CUALQUIER LADO...

Charla de listos

—Buenos días.
—Buenas tardes.
—¿Dice que tiene tarde?
—No, porque aún es de día.
—¿Si fuese de noche, sería tarde?
—Naturalmente, por la noche siempre es tarde,
—Nu lo veo tan natural eso de que la noche sea tarde.
—Es que lo natural es lo raro.
—Por eso es usted corriente.
—Yo soy como mi padre.
—Y yo como mi madre.
—¡Bah! Usted es tonto por parte del padre.
—El padre lo será usted, señor tonto.
—Bueno, me voy antes de que sea tarde.
—Entonces, adiós y buenos días.
—Adiós, y buenas tardes.

* * *

Demandas

Se vende suegra en buen uso, sin importar el precio ni las condiciones de pago. Lo que importa es encontrar a un desesperado que cargue con ella. Escriban a Infelizote Amargadillo. Plaza de la Bronca, 13.

* * *

Solar en venta de 45.000 palmos. Precios irrisorios. No desperdicien esta oportunidad única, pues tiene un emplazamiento ideal, con playa particular. Vengan a la Costa del Percebe, después de la marea alta.

-Sin reserva de mesa, es la mejor que puedo darles.

- ¡Y que sea la última vez...!

-¡Y si con esto no se asustan los «malos espíritus» del resfriado, tendrás que ir a buscar a tu mujer!

- ¡¡Josefina...!!

- ¿Te gusta mi regalo, hijo?

15

Vendo piso en inmueble modernísimo. Tres ascensores, cinco cuartos de baño, dos halls y una cocina, siete dormitorios, cuarto de estar y de espera, tres terrtzas. Amueblado a la última moda. Y todo por la irrisoria cantidad de 62.037'65 ptas. mensuales, pagaderas durante 183 años, no bisiestos. Visítenlo y se convencerán de sus ventajas. Calle de los Confianzudos, número 1001, 14º, 27ª.

* * *

Se vende perro guardián en inmejorables condiciones. Acudan a la huerta de «El Peporro» y retírenlo de debajo del manzano. Cuando baje del árbol me pagarán lo que estimen conveniente.

* * *

Filosofando

Los petardos de San Juan son los precursores de la bomba de hidrógeno.

. Prof. Polvoron

* * *

Para ser un poeta completo no basta con escribir versos, además, hay que tener caspa y llevar chalina.

Netolis .

* * *

La Academia de la Lengua, cuyo lema es «limpia, fija y da esplendor», es el detergente del idioma.

Netolis

16

-NO LE HAGA CASO, NO SABE QUE HACER PARA LLAMAR LA ATENCION.

● ● ●

- DICE TANTAS IDIOTECES, QUE HASTA PARECE INTELIGENTE...

● ● ●

¡TAP!

!!

- A MARCUS SIEMPRE LE HA GUSTADO LLAMAR LA ATENCIÓN...

17

Los ascensores, magnetofones, televisores y máquinas de escribir, dan la medida de nuestro tiempo.

Prof. Vagancio

* * *

Lo que valen las palabras

BANQUETE.– Comida de muchos, donde ninguno se indigesta.

BICICLETA.– Juguete de niños, indispensable en el «Tour».

BABA.– Lo que se le cae a don José, mirando a su secretaria.

BOBO.– El propio don José.

BURRO.– Cuadrúpedo rumiante que cocea si le llaman «hombre».

BECA.– Pesadilla de estudiante y esperanza paterna.

BOCA.– Cosa que tienen los niños y que no para de tragar.

BULO.– Algo que da muchas vueltas pero que nunca llega.

BOTON.– Redondel de hueso, que se cae y... ha de coserlo el marido.

- NO, TODAVÍA NO ESTÁ LISTA LA CENA, QUERIDO.

- ¿Puedo recuperar mi antiguo puesto?

- Es preciso poner teléfono, porque mira la nota de la carbonería...

- A MI MARIDO LE ENCANTA OÍR SUS CONCIERTOS

BALA.– Objeto metálico, indispensable para jugar a la guerra.

BALA ENCONTRADA.– La que da en el blanco, en el negro, o en el amarillo.

BALA PERDIDA.– Hijo de papá, que firma los cheques de éste.

BIGOTE.– Ceja que sale al labio superior.

BIELA.– Lo que siempre se funde.

BICARBONATO.– Postre de fiesta grande.

BACHILLER.– Joven matriculado en un instituto, y que es un «as» del billar.

BAILAOR.– Artículo típico de exportación.

BAILAORA.– Idem, con más aceptación.

BAJO.– Aspirante a alto.

* * *

Dos coristas se hacen confesiones:
—Pues, sí, chica, ¿te gusta mi nuevo abrigo de pieles?... Es visón.
—Ya, ya lo veo. Me gustaría saber cómo te las arreglas para conseguir lo que quieres.
—Muy fácil. Mi defensa dura sólo un poquito.

* * *

- ME GUSTARÍA QUE NO SE DIERA
TANTA PRISA EN ACUDIR CUANDO
EL JEFE LA LLAMA... SE VA A
PENSAR QUE NO TENEMOS NADA
MÁS QUE HACER...

- VEAMOS... ¿USTEDES ME HAN LLA-
MADO ROBERT TAYLOR PARA MOFAR-
SE O PARA ADULARME?

- Y SIEMPRE HE SIDO UN INFELIZ... NADIE ME HACE CA-
SO... TODOS ME ABANDONAN...

En la consulta del cirujano. Un presunto paciente se dirige a la enfermera y le pregunta:

—¿Está el doctor Pollo?

—Perdone, pero ésta es la clínica del doctor Gallo.

—Bueno... es lo mismo. No le veía desde que era pequeño...

* * *

Momentos antes de la ejecución, el oficial que manda el pelotón de fusilamiento se acerca al condenado y le ofrece su pitillera, pero el reo rechaza el ofrecimiento con estas palabras:

—Gracias, pero he decidido dejar de fumar.

* * *

Plato del día: Timador a la «sauce charmeuse»

Ingredientes:
  1 timador con mucha labia y poca vergüenza.
  1 ingenua tonta y codiciosa (puede no ser de pueblo, porque en todas partes cuecen habas).
3/4 de kilo de trozos de periódicos viejos.
  1 cartera de plástico imitación de coleóptero.
  1 llave de la anterior que no funciona.
  1 llave que sí funciona.
  1/2 reloj con apariencia de entero.
 50 billetes de los buenísimos.

Preparación:
  Empezaremos por señalar las condiciones indispensables del timador. Ha de tener tanta labia como ninguna vergüenza lo cual facilitará su entrada en materia y el cambalache correspondiente.

-¡LO QUE ACABO DE DESCUBRIR...! ¡ESTÁ DIRIGIDO JUSTO HACIA NUESTRO APARTAMIENTO, CHICA!

-CUANDO LE CONOCÍ SABÍA QUE ERA UN CHICO TÍMIDO, PERO NO QUE FUERA MECÁNICO DE AUTOMÓVILES...

- ESTOY COMPLETAMENTE DE ACUERDO EN UNA FUSIÓN CON OTRA COMPAÑIA, PERO SEGURAMENTE DEBE HABER UN MEDIO MAS "COMERCIAL" DE HACERLO.

¡ADELANTE, POR FAVOR, LLEGA USTED MUY A TIEMPO!

23

El timadorcito en cuestión, introducirá en la cartera de coleóptero los correspondientes trozos de periódico y cerrará aquélla con llave (la que sí funciona), cerciorándose de que ya no pueda abrirse fácilmente. Hecho esto se guardará la llavecita en un bolsillo y colgará del asa la otra llave (la que no funciona) utilizando un cordelito lo bastante corto como para que la tal llavecita no llegue a la cerradura si no se corta aquél.

Realizadas estas labores previas, el timador se da un «garbeo» por los lugares que frecuentan las chachas, doncellas, porteras y demás, y ojea la pieza que codicia. En cuanto le eche la vista encima, se hará el encontradizo con ella y con su cara más compungida, abatida y traficada, le lanzará el discursito de los dólares numismáticos que no puede cambiar —si lo hace con acento de turista será mucho mejor— y que él los transaccionaría por un puñado de pesetejas, antes de tomar el tren de Kirikahua, que queda allá por los Parises de la Francia.

La víctima empezará a hacer números mentales, ayudándose con los dedos de manos y pies (sin descalzarse, claro) y acudirá en socorro del presunto turista, ofreciéndose para darle unos billetitos de su colección particular.

Ante la cifra expuesta por la tontaina codiciosa, el timador astuto pondrá el grito en una farola (y no digo en una nube o en un tejado porque quedaría demasiado alto y podría oírle algún «poli») y algo más, a lo que la tontaina accederá, sacrificando los billetejos perdularios que completen y redondeen la cifra.

Redondeado el negocio —sobre todo para él— la cartera cambia de mano, así como los billetes. Llega el momento de las sonrisitas llenas de sobrentendidos. El asegura que volverá dentro de 5 días para rescatar su cartera y la tontaina piensa que «así te estrelles» o «como no vayas a buscarme al Polo...».

Y después cada cual se larga por su lado. El timador

BUENO, ELLA YA SABÍA QUE SE CASA-
BA CON UN BOMBERO, ¿NO?

— AQUÍ FUE CUANDO USTED ENTRÓ A TRA-
BAJAR EN ESTA OFICINA, SEÑORITA ELENA.

lo más aprisa posible para pillar el primer tren al pueblo más lejano y la tontaina para meterse en su casita y abrir la cartera con los dólares.

El plato se termina tal y como sucede cada día: con los gritos, llantinas y denuncia de la tontaina, y las carcajadas y juergueos del timador. En cuanto a la salsa, ya la puso toda éste, pues fue con ella y con la «sin hueso» con lo que consiguió timar a la tontaina.

* * *

Margarita llega a su casa en el coche de su novio. Baja del mismo y se dirige sonriente a su madre que le pregunta:

—¿Lo pasaste bien durante el paseo en coche?

—Ya lo creo, mamá. Tuvimos una pequeña avería en un descampado pero me bastó darle un golpecito a Jorge para que el motor volviese a funcionar de nuevo como si nada.

* * *

Samuel encuentra a Jacob y se extraña de verle caminar con muletas.

—¿Fue grave el accidente?

—¡Oh! ¿Lo dices por las muletas?

—Pues claro.

—Es que verás, las vi en un saldo y como eran tan baratas no pude resistir la tentación de comprarlas, pero ahora, claro está, debo amortizarlas de algún modo.

* * *

Don José y doña Petra llevan ya veinte años casados.

El. —¡Qué lástima que no haya habido ningún imbécil

- ¿Y EN QUÉ SE FUNDA USTED PÀRA DE-
CIR QUE EN ESTE RESTAURANTE LAS RA
CIONES SON PEQUEÑAS...?

-¡DOCTOR, ES LAVA PURA!

- LE HE PUESTO LECHE...

que te pidiese la mano antes de que te casaras conmigo!

Ella. –Eso es lo que ocurrió...

El. –¡Pues ya pudiste haberte casado con él!

Ella. –Eso es lo que hice.

* * *

La muchacha que sólo lleva unas semanas casada dice a su padre:

–¡Es espantoso!... ¡Mi marido acaba de darme una bofetada!

Y el padre, iracundo, sin pensarlo dos veces, responde:

–Dile a ese caballerete que como vuelva a abofetear a mi hija iré a verle y abofetearé a su mujer.

* * *

Un joven ha logrado convencer a una muchacha para que acceda a dar un paseo con él en su coche. La muchacha sube y apenas empieza a rodar el vehículo le dice a su galante compañero:

–Supongo que no pensarás mal de mí. Es la primera vez que subo a un auto con un desconocido.

–¡Formidable! –replica él–. También es ésta la primera vez que yo conduzco.

* * *

Los dos agentes de la policía están viendo cómo se llena el coche celular de encantadoras coristas, escasamente vestidas. Entonces uno de ellos pregunta:

–¿Habrá que vigilarlas, para que no escapen durante el trayecto?

–¡Pues, claro!

- QUE MAS DA QUE PAREZCAS UN POR-
DIOSERO AL FIN Y AL CABO NADIE SE FI-
JA EN TI.

- ¿NECESITA AYUDA?

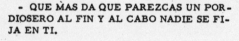

- EL LUGAR NO IMPORTA, EL CASO
ES PARECER TURISTAS...

- ¿Tenemos suerte?

–Entonces... echemos a suertes para ver quién de los dos ha de conducir el coche.

* * *

El pasajero del autocar, se dirige al chófer y suplica:
–Por favor, no tome las curvas a tanta velocidad. Se me pone la carne de gallina cada vez que llegamos a una curva.
–Haga como yo –responde el conductor, muy tranquilo–. ¡Cierre los ojos!

* * *

Los Harrington tienen un mayordomo impecable que es un prodigio de tacto y de discreción. Tan es así que un día el mayordomo entró en el cuarto de baño donde la señora Harrington estaba duchándose. Imperturbable, el mayordomo exclamó:
–Usted disculpe, señor.

* * *

Durante un estreno de la obra de uno de sus amigos, el crítico Jean Borderie declaró:
–En ciertas comedias la gente se aburre a todo trapo. De haber sabido cómo era ésta me hubiese traído toda una pañería.

* * *

El pretendiente de la doncella, que ha sido recibido por ésta en ausencia de los dueños de la casa, le dice con voz tenue:

- No se enfade, señor director, es el retrato de mi mujer, así no lamento hacer horas extras.

–¡Déjale ya tranquilo, hija! ¡Si no quiere declararse, sus motivos tendrá!

Una señora caritativa que se dedica a hacer visitas a los pobres enfermos de los hospitales se detiene ante una cama y dice a su ocupante:

–¿Es posible que lleve usted siete años ahí, sin moverse?

–Sí, señora. Vino el médico un día, me reconoció y me dijo: «No se levante hasta que yo no vuelva y se lo ordene»... Y no ha vuelto.

* * *

En la familia todo es alegría porque hay un nuevo vástago. La abuela no para de hacerle carantoñas al niño. La madre le dice entonces al esposo feliz:

–Fíjate, el nene ha sonreído en cuanto ha visto a mamá.

–Es natural. Es la primera cara que ha visto que hace reír...

* * *

- ¡Papá, te aseguro que no conozco de nada a este señor!

—Me encantan tus ojos, tu sonrisa, tus labios... y sobre todo el coñac y los puros de tu patrón.

* * *

Un célebre compositor moderno ha dicho que los cantantes actuales se dividen en tres categorías:
—Primero están los que tienen voz, pero no saben cantar; en segundo lugar están los que saben cantar, pero no tienen voz, y finalmente los que ni tienen voz ni saben cantar.

* * *

Un individuo bastante mal trajeado se presenta a un antiguo amigo suyo, que dirige un importantísimo negocio.
—Tienes que ayudarme, Pepe... Recuerda nuestra vieja amistad. Necesito trabajo. ¡Es importante que me des algo!... ¡Lo que sea! Tengo mujer y diecisiete hijos.
—Bueno, hombre. Veré en qué puedo colocarte. ¿Qué otra cosa sabes hacer?

* * *

Entró la enfermera en la sala de espera y el candidato a padre se levantó, como impulsado por un resorte y preguntó:
—¿Es varón?
—Bueno —dijo la enfermera—, el de en medio sí.

* * *

Dos jóvenes muy atildados pasean por una playa de moda. Ven pasar a una dama ya madura y que es famosa

- ... FINAL DEL PRIMER ACTO DE MI HERMANA... ¡HAY BOCADILLOS, CARA-MELOS, REFRESCOS...!

- ¿SE PUEDE SABER QUIÉN SE HA BEBIDO EL VINO...?

—ME HE VUELTO A PERDER ... Y ESTA VEZ QUIERO UNA ROSQUILLA.

- DENTRO DE UN AÑO SERA NUESTRO ANIVERSA-RIO DE BODA. ¿QUE ME REGALARAS?

- YO ME HE PASADO AL SIFÓN...

por sus riquezas y... por su viudez. Ambos saben que se murmura que la tal dama está buscando un segundo marido y uno de ellos comenta:

—Yo soy incapaz de casarme con una mujer por su dinero.

—Tampoco yo. Prefiero fincas y terrenos.

* * *

—Cariño —dice la muchacha, ruborizándose y mirando de reojo al candidato a su blanca mano—, debo advertirte que mi papá no me dará ni un céntimo como dote.

—¡Bah! Eso no importa.

—¿De veras, cariño?

—Pues claro. Eso le importará al que se case contigo...

* * *

Lord Hamilgrave se encontraba un día en una taberna con sus amigos. Todos habían bebido más de la cuenta y esa fue causa de que en medio del escándalo que armaron entre ellos mataran a uno de los criados. El dueño de la hostelería corrió asustado a Lord Hamilgrave y le dijo:

—¡Sir! ¿Os dais cuenta de lo que habéis hecho?... ¡Matasteis a uno de mis criados!

—¡Está bien —respondió flemático el lord—, añádelo a la cuenta.

* * *

Dos hombres están en el frente de batalla y uno comenta:

—Yo me he alistado voluntario porque soy soltero y amo a la guerra.

-NO SE PUEDE NEGAR QUE ES EL FANTASMA
DEL DIFUNTO SEÑOR CONDE...

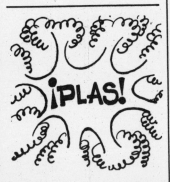

- ¡AH, SE ME OLVIDABA DECIRTE
QUE ESTA ESCOPETA TIENE MUCHO
RETROCESO!

- ¡LO QUE NO ACABO DE ENTENDER ES CÓ-
MO HA DESCUBIERTO QUE YO ME HE ESCA-
PADO HOY DE LA CÁRCEL!

—Pues yo —replica el otro— me he alistado porque estoy casado y amo la paz.

* * *

Entre amigas.
—¿Te ha contado Tota el «trousseau» que se ha hecho para casarse?
—¡Oh, no! Sólo pude estar con ella una tarde...

* * *

Una mujer muy celosa inspecciona de modo sistemático la ropa de su marido y registra concienzudamente sus bolsillos, buscando siempre una huella de su infidelidad. Siempre encuentra un cabello que le da pie a la bronca: rubio, castaño, platino, blanco, etcétera.
Pero un día no encuentra nada. Ni un solo cabello. ¡Ah! Pero eso no es obstáculo para que no organice su correspondiente escena. Sólo que esta vez el motivo es otro, y se pone a gritar:
—¡Ah! ... ¡Ahora tu amante es calva!

* * *

Jaimito ha ido al circo con su abuelo. Cuando los dos regresan a casa el papá le pregunta al niño:
—¿Qué tal, Jaimito? ¿Te gustó el circo?
—Sí, pero hay algo que no me convenció. Había un indio que fallaba siempre que le tiraba un hacha a una mujer que le servía de blanco.

* * *

36

- Vengo aquí cada año: Estos perros tienen el mejor coñac del mundo

- Piensen en la cantidad de vendedores ambulantes que quedarán descorazonados.

-¿Un disco rojo? Pues de verdad que no lo he visto, señor agente...

SIN COMENTARIOS

-Es un perro muy idiota, no sabe ni encontrar la puerta.

Peligro

Kukulandia, 13. – Las últimas noticias llegadas de este afrodisíaco país denuncian la presencia de fieras leopardas que devoran a todo quisque que caiga entre sus garras. Los mejores cazadores de Kukulandia han logrado dar captura a una de las leopardas que en todo momento dio pruebas de su gran fiereza incluso mientras la fotografiaba nuestro arriesgado repórter.

NOTA – A la vista de este ejemplar recién capturado ha tenido que limitarse el cupo de voluntarios que deben partir a la caza de más leopardas.

* * *

Nueva empresa

Colina de las botas, 13. – Enfrente del lugar ocupado por los terrenos del cementerio local ha elevado un edificio de diez plantas la nueva empresa «Lutos y Catafalcos S.A.», que irrumpe en el mercado nacional con un «slogan» publicitario verdaderamente revolucionario: «Las ciencias adelantan que es una barbaridad. Ponga usted el muerto y nosotros nos encargaremos del resto.» El éxito obtenido ha sido tal que varios yernos mataron a sus suegras con el único y sano propósito de probar si ese «slogan» era cierto.

* * *

Caso nunca visto

Milcozuelos, 13. – Está siendo comentadísimo el suceso acaecido en nuestra localidad –sin precedentes en

- ¡Hay que ver! ¡Rosita es capaz de animar cualquier fiesta!

- En mi vida he conocido a nadie que le gustara tanto la música china como a ti.

-¡A ver quién llega primero!

SIN COMENTARIOS

- No está acostumbrado a tantas puertas iguales y le es difícil encontrar la nuestra.

la historia del teléfono–, al habérsele instalado a doña Paca Torrotora un trasto de esos que se pagan y no funcionan nunca, pero que en su caso y a los pocos instantes de puesto en la pared empezó a hacer sonar el timbre como un descosido. La emoción fulminó a doña Paca maravillada de tal portento, y tuvieron que acudir sus vecinos para trasladarla a la clínica más próxima donde fue atendida de síntomas de enajenación mental.

Nota de la redacción. – Cinco minutos después el aparato de doña Paca estaba ya descompuesto, lo que devolvió la tranquilidad a los vecinos que no se explicaban lo ocurrido ya que sus aparatos están hechos para adornar las paredes y no para que con ellos se telefonee.

* * *

Reformas necesarias

Deallá (ESA), 13. – Ante los últimos acontecimientos y el incremento de muertes violentas debido a la facilidad con que se expenden las armas de fuego, el Ayuntamiento de la localidad ha decidido prohibir a sus convecinos el uso de metralletas y cañones de bolsillo, obligando a los tales a limitarse al uso de fusiles o revólveres sin limitación de calibre. La medida ha sido muy mal acogida por el irascible y respetable, que puso cerco al edificio del Ayuntamiento rociándolo de bombas y otros artefactos explosivos hasta dejarlo reducido a cascotes. Entre los supervivientes figura el Alcalde, el cual se ha apresurado a pedir refuerzos al Gobernador para que meta en cintura al irascible, ya no respetable.

* * *

- ¡Corre Pepe, márchate, estoy oyendo los pasos de papá!

DIA DE PAGA E IMPUESTOS
Veo que sigo apoyando al gobierno

Oiga, yo tan sólo le pregunté si tenía hijos.

- Le encantará la informalidad de los huéspedes.

Valores futbolísticos

Ball-Street, 13. – Ante la enorme importancia que el «deporte» del fútbol está alcanzando en todos los ámbitos del mundo los financieros de Ball-Street han decidido que de ahora én adelante y al mismo tiempo que se den las cotizaciones de valores bolsísticos como petróleos, explosivos, telefónicas, etc. figurarán los valores futolísticos y así podrá saberse la cotización actual del maravilloso delantero centro del C.D. de Villaconejos, Calvito Di Cafano, o la que acaba de alcanzar el formidable portero del C.F. The Green ´Lions, que se llama Fulgencio Gomínez, pero al que todos conocen por «Cachucho». Esta noticia ha sido muy bien acogida en los medios deportivos de todo el mundo que se las prometen muy felices ya que ahora a nadie le sorprenderá eso de que se traspase un jugador como si fuera un piso y que la cifra en pesetas se parezca a la que corresponde en kilómetros de distancia entre las estrellas de la Vía Láctea.

* * *

Tele-Consultorio a cargo de: Hilario da Rollo. Doctor en Bromistología.

Muy ilustre doctor Da Rollo:
Le agradeceré que me conteste sinceramente. Tengo 65 años y soy una mujer con ansias de vivir y de no privarme de nada, a lo cual me ayuda la fortuna que me han ido dejando mis tres primeros maridos (q.e.p.d.). Ahora hay un joven encantador que pretende mi mano, pero presiento que algunas de mis «amigas» dirán que viene atraído por mis millones. ¿Cree usted posible que un joven de veinte años, guapo como un galán de cine, pueda enamorarse de mí?

El filósofo Spencer tenía un carácter muy huraño y no había querido casarse nunca. Cuando ya era viejo acostumbraba a decir:

—Me consuela pensar que existe en el mundo una mujer a la cual yo no conozco y a la que sin embargo he hecho feliz.

—¿Cómo es eso posible? —le preguntaban.

—Porque esa mujer es la que me estaba destinada para ser mi esposa... y es con la que no me he casado.

* * *

Samuel come en un restaurante muy económico y donde la limpieza brilla por su ausencia. Cuando ha terminado de consumir el postre, Samuel llama al camarero y le pide un mondadientes. El sirviente mira en torno suyo y luego dice:

—Tendrá que esperar un poco, señor. Están todos ocupados...

* * *

— ... Y TERMINO YA PARA NO PERDER LA MAREA DE HOY... AFECTUOSAMENTE...

— ¿ES QUE NO ME VA A DEJAR TERMINAR MI PETICIÓN DE AUMENTO DE SUELDO...?

—CREO QUE ÉSTA ERA LA HABITACIÓN DE LA ABUELA...

— PAPÁ ¿QUIERES QUE OFREZCA MI PLAZA A LA SEÑORITA?

RESPUESTA.– No sólo un joven de 20 años, sino yo también. Me encantan las jovencitas de 65 años con milloncejos.

* * *

Eminentísimo Profesor Da Rollo:
Tengo veinticuatro años y sólo mido setenta y cinco centímetros. Le agradecería que usted, que es tan sabio, me diera un remedio pra aliviar el complejo que me produce esta talla tan exigua. Suyo, atto., afectuoso y agradecido. El enanito Perez.

RESPUESTA. – Cómprate unos zancos, hijo.

* * *

Ventas

Vendo traje de luces con pequeños desgarrones por haber abandonado negocio. Aceptaré la cuarta parte de su valor, pagadera en árnica y vendas. Visítenme en Clínica de Toreros Escuajeringados y pregunten por «El Peporro».

* * *

Vendo partida de 1.000 cajones de tabaco rubio, a 0,50 el paquete. Material depositado en chalupa anclada junto al faro. Digan a los carabineros que van a verme y les dejarán pasar. Sólo tienen que preguntar por «El Colilla».

* * *

— ESTÁ YA DORMIDO... PERO QUERÍA SABER QUÉ PASABA AL FINAL CON EL CERDITO...

— SE ME ACABÓ LA BUENA VIDA. ¡OTRA VEZ A FREGAR PLATOS!

Se vende toro bravo en inmejorables condiciones. Razón en la tercera farola de la calle de la Embestida, entrando por el Paseo del Revolcón.

Me encontrarán subido a la farola. El toro que vendo es el que está abajo.

* * *

Demandas

Deseo alquilar piso de siete habitaciones, con terraza, teléfono, cuarto de baño y comedor, a ser posible amueblado. Pagaré hasta quinientas pesetas al mes. Escriban a Iluso Tontaina, Apartado de Correos, 7.

* * *

Se necesita artista especializado en murallas para pintar las paredes de las casetas de mis perros. Pago más que nadie. Vengan a visitarme con muestras de su arte. Fulgencio Ricachón, Avenida de los Millones, 555.

* * *

Joven presuntuoso e inepto se necesita para cobrar de importante empresa internacional. Su labor se reducirá a estar detrás de un mostrador y poner cara de idiota cuando alguien vaya a hacerle preguntas. Razón en la calle de los Avispados, número 1.313. Sociedad «Toma-el-pelo». Departamento de Reclamaciones.

* * *

SEXO

- ESTOY MAS CONFUNDIDO QUE NUNCA.

- ¡AH! ... ¡MIAU! ... HABÍA ENTENDIDO GUAU...

- RECUERDE... CUANDO EMPIECE A DOLERLE, LEVANTE LA MANO IZQUIERDA Y PARARÉ.

- ¿ Y QUIÉN LE HA DICHO A USTED QUE YO NECESITO HACER ESTO PARA LLAMAR LA ATENCIÓN...?

Notas de la calle

Está siendo comentadísimo el extraordinario caso de honradez de un joven millonario que se encontró en la calle un bolso de señora conteniendo 15 pesetas y cuarenta céntimos y la documentación de su hermosa propietaria. El millonario en cuestión –que no ha querido dar su nombre porque no le gusta la publicidad– se apresuró a recorrer toda la ciudad hasta dar con la propietaria del bolso a la que hizo entrega del mismo, conformándose con una recompensa de diez céntimos.

* * *

La Compañía de Ferrocarriles Unidos ha decidido organizar grandes festejos con motivo de la llegada puntual de un tren correo a la ciudad de Montearriba, lo que no ocurría desde que en la misma se inauguró su estación. Al festejo acudieron al personal de la estación compuesto por el jefe de la misma y el peón caminero Pepe.

* * *

Ventas

Se vende suegra robusta. Razón en la calle de los Desesperados, número 13, bajos. Preguntar por el yerno de la señora Suplicio.

* * *

Hallazgos

Se ha hallado medio andamio dentro de un cigarrillo negro. Se devolverá a la compañía envasadora que prue-

— EL NIÑO YA HA DESCUBIERTO DONDE ESCONDIS-
TE SU PISTOLA DE AGUA, ENRIQUE...

NO HACE FALTA QUE SE ESMERE, DE TO
DOS MODOS LE CAERÁ COMO UN SACO.

DESPISTE.

be ser su legítima propietaria, para lo cual deberá identificarse nombrando la marca del paquete que contenía al cigarrillo relleno de andamio. Pregunten por el señor Furibundo Tabaquínez, calle del Trancazo, 1, 2º, 3ª.

* * *

Se ha encontrado un cuchillo con hombre incrustado. Se devolverá el arma a quien acredite ser su propietario. Diríjase al Juzgado de Guardia número 1.001, y tráigase consigo una manta, toalla y cepillo de dientes.

* * *

Pérdidas

Se ha perdido campeón pedrestre que fue contratado por millonario para correr en busca de cigarrillos no cancerosos y de mecheros que encendiesen a la primera. Se gratificará cualquier informe por don Rico Creso, calle de las Vavasgordas, número 9.999 Torre.

* * *

Se ha perdido dentro de un taxi verde y colorado, matrícula de Cachayuelos de Arriba, un bonito pastel de cumpleaños de media tonelada, relleno de frutas, nata, crema y mazapán. Se gratificará su devolución por ser imprescindible para festejo. Razón en la càlle de los Golosos, número 15, bajos. Pregunten por Gordito Tragaldabas.

* * *

Olvidado marido en Grandes Almacenes cuando se

- PERDONE... ESTOY BUSCANDO A MI MARIDO.

- PERO HOMBRE DE DIOS, ¿POR QUÉ QUIERE QUE LE PONGA DENTADURA POSTIZA, SI TIENE LOS DIENTES SANÍSIMOS...?

dirigía a pagar las compras de su amante esposa. La mencionada gratificará a quien le devuelva a su cónyuge y éste vuelva a confiarle la cartera. Acudan lo antes posible al Departamento de Morosos de los Grandes Almacenes, calle del Despilfarro, números 107 al 2.000. Pregunten por la señora Derrochona de Milloncetes.

* * *

Filosofando

Pedirle peras al olmo es una tontería; al olmo pídele sombra y vas que ardes.

* * *

Haz bien y no mires a quién... que en el Asilo te verás.

* * *

Llorar es lo que hace una mujer cuando no tiene nada que hacer.

* * *

Charla de listos

–Buenos días, señor estanquero.
–Buenos días, señor cliente.
–Pues yo venía para que me dé un sello y un puro.
–Lo siento pero no le doy nada. Sólo vendo.
–¿Y qué vende?
–De todo.
–Pues deme un poco de todo.

-LO UNICO QUE HE HECHO
HA SIDO GANARLE CINCO PAR-
TIDAS SEGUIDAS.

El marido está en la cocina fregan-
do los platos mientras que su mujer ve
la televisión. Su hijita —de ocho años—
se acerca a la madre y dice:

—¿Sabes una cosa, mamá? Cuando
sea mayor yo también quiero tener un
hombre al que mandar como haces tú.

* * *

Un escocés va a casa del dentista y
le muestra la muela careada. Después
pide presupuesto al especialista el cual
le pide dos libras por su trabajo, a lo
que el escocés protesta:

—¿Cómo es posible que pretenda
cobrar dos libras por un trabajo que no
le llevará más de cinco minutos?... ¡Es
un abuso!

—Bueno, querido señor —dice el dentista muy serio— si no lo desea así le
cobraré el mismo precio y tardaré una
hora en sacarle esa muela.

* * *

- ¿ES QUE NO TE GUSTA LA POSICIÓN
DEL SOMBRERO?

—Es que todo no tengo.
—Entonces, ¿por qué dice que lo vende?
—Yo todo no lo vendo. Hay cosas que no se venden.
—Pues eso se avisa.
—¿De qué he de avisarle?
—No lo sé.
—Pues si usted no lo sabe, ¿cómo quiere que le avise?
—Tiene usted razón. Entonces no me avise.
—Perfectamente, ya está usted no avisado.
—Muchas gracias, señor estanquero y hasta la vista.
—De nada, señor cliente. Hasta otra.

* * *

El cirujano a su paciente:
—Bien, ya le hemos amputado el brazo. ¿Nota algo desagradable?
—Sí, doctor. Ha comido ajos y el olor me molesta.

* * *

En Cabo Cañaveral un cohete murmura:
—¡Ah, los hombres...! La de años que hace que me prometen la Luna...

* * *

Lo que valen las palabras

CHACHA: Mujer que sirve para cuidar los llorones.

CHA-CHA-CHA: Pieza musical de exportación propia para encontrar novio.

CHAL: Bufanda de señora que vale menos que la del señor, pero cuesta más.

CHALADO: Alguien que está majareta.

- YO NO SÉ POR QUÉ MAMÁ SE QUEJA TAN-
TO CUANDO LE AYUDAMOS A FREGAR LOS
PLATOS...

¡POR FAVOR, SEÑORA! APAGUE ESA
RADIO CON ESE: "¡DUÉRMETE HIJITO
QUE VIENE EL COCO"! MIENTRAS LE
ESTOY HABLANDO.

CHAMBON: Se dice del que tiene suerte (se excluyen los casados).

CHAMPAÑA: Vino blanco con gaseosa y etiqueta francesa.

CHAMUSQUINA: Cuando algo va mal y huele a eso.

CHAPADO: Reloj que regala el marido asegurando que es de oro puro.

CHAFLAN: Lugar donde se encuentran los novios.

CHARRO: Originario de Méjico y que se encuentra debajo de un sombrerazo.

CHATA: Piropo para señora estupenda aunque tenga nariz de Cyrano.

CHITA: Mona de Tarzán.

CHUTA: Lo que hace un delantero centro antes de que el balón le dé al «hincha» que vociferaba en la tribuna.

CHEPA: Adminículo que algunos llevan sobre la espalda para que quienes lo toquen tengan suerte.

CHICLE: Artículo de goma que se mastica para parecer americano.

CHICOLEO: Burrada callejera que un hombre dice a las mujeres estupendas.

CHINCHON: Lugar donde se fabrica un aguardiente de los de aúpa.

CHICHON: Montículo de carne que nace en la cabeza de resultas de un trancazo.

* * *

El joven guerrero Epaminondas se despide de sus familiares. Las mujeres lloran y el viejo Teócrito le dice a su hijo:

—No te apures, muchacho. Estoy seguro de que en

- ¿QUÉ PASA? ¿OS PARECE ALGO FUERTE EL CÓCTEL QUE HE INVENTADO?

- NO HICE NADA MÁS QUE APUNTARLE Y APRETAR EL GATILLO... ¡NO SABÍA QUE ERA UNA PISTOLA!

- ¿SABES UNA COSA? MAMA SE MARCHA HOY A SU CASA...

...POBRE HOMBRE, ACABABA DE CORTAR LA CINTA QUE INAUGURABA LA CARRETERA.

cuanto el gran Alejandro gane la guerra ya no se romperá más la paz en el mundo.

¡OPTIMISTA QUE ERA EL TEOCRITO ESE!

* * *

El financiero McAllister va de compras. Entra en varios establecimientos y de pronto se da cuenta de que ha perdido su cartera. Inmediatamente rehace el recorrido en sentido inverso. Entra en las tiendas que visitó anteriormente y en todas hace la misma pregunta:

—¿Encontraron una cartera de piel de becerro con diez billetes de una libra esterlina?

En todas partes recibe una respuesta negativa hasta que al llegar al estanco donde compró una caja de cerillas el dueño del establecimiento le devuelve la preciada cartera.

—¡Muchísimas gracias! —exclama el agradecido financiero—. Es usted la única persona honrada que he encontrado desde hace rato. En ninguna tienda de las que estuve me quisieron devolver la cartera a pesar de lo mucho que se lo supliqué.

* * *

El paciente acude a casa del médico y después que éste le ha examinado concienzudamente, le pregunta:

—¿A qué se debe esta erupción de granos?

—Pues verá... son debidos al tiempo.

—¡Ah! Es la primavera...

—¡Oh, no! Se deben al tiempo... que hace que no se lava usted.

* * *

58

- Veo que te ha causado buena impresión mi novia, papá.

- ¿Eres el 223? ¿No...? ¿El 256? ¿No...? ¿Y el...?

- Me hará el favor, ¿la salida de emergencia?. Mi esposo está esperándome fuera.

-Es el número más antiguo de todos.

Un viejo caballero, que presume de ser un «donjuán», se vanagloria de las conquistas amorosas que hizo en su juventud y dice:

—En un sólo año llegué a conquistar a cien mujeres.

—Pero, abuelito —le interrumpe Jaimito— el año pasado decías que fueron sólo cincuenta.

—Bueno, es que el año pasado tú eras demasiado joven para saber toda la verdad.

* * *

Test sicológico

Original del Profesor Da Rollo.

Si para unos es vicio, aunque para otros sea virtud, conviene examinarnos para saber si somos o no PEREZOSOS. Este sencillo Test le permitirá averiguar si es de los que se dejan dominque sostienen que los romanos eran unos tíos listos porque incluso algo tan agradable como es comer lo hacían tumbados para no cansarse?

7. ¿Se ha quedado alguna vez sin comer por no molestar en hacerse la comida?

8. ¿Es de los que prefieren la T.V. al cine porque aquélla puede verla usted desde la camita y tan ricamente?

9. ¿Le parece absurda la manía de los hombres de hoy de ir aprisa a todas partes?

10. En el caso de que deba viajar, ¿prefiere el barco porque tiene camarotes con literas o el tren con coche-cama a cualquier otro sistema más rápido pero no tan descansado?

11. Ya que la vida le obliga a trabajar. ¿Ha procurado al menos agenciárselas para tener un trabajo de esos que permiten estar siete horas sentado sin dar ni golpe?

12. ¿Procura continuar siendo soltero porque no tie-

- ¿QUÉ ES LO QUE LE HACE PENSAR QUE LA COMPAÑÍA DEL PISO DE ARRIBA ESTA PIRATEANDO A NUESTRO PERSONAL?

- ¡QUÉ SIMPÁTICO! ESTE CHISME NO DESINTEGRA NI UNA HOJA DE PAPEL

- ¿UN CABALLO...? ¡PUES NO, NO HE VISTO NINGUNO!

- SÍ, ES MUY ECONÓMICA, PERO DÓNDE QUIERES QUE LLEVE LA COMPRA...

- OYE NENE, ¿POR QUE NO TE VAS A LA... ESCUELA UN RATITO?

- APUESTO QUE ES LA ÚLTIMA VEZ QUE PERMITEN A ALGUIEN TENER CACHORROS DE ANIMALES.

ne ganas de trabajar para mantener a otras personas cuando tanto le cuesta hacerlo para usted mismo?

13. ¿Aprovecha la oportunidad más mínima para quedarse en cama y enviar recado a la oficina de que está con 40º de fiebre y que no puede ir a trabajar?

Seamos sinceros con nosotros mismos y no tratemos de embarullar las cosas. Si ha contestado afirmativamente a las trece preguntas, una de dos, o usted es un filósofo estupendo o es un vago de tomo y lomo.

Si reunió entre 9 y 12 afirmaciones no cabe duda de que tiene preferencia por la vagancia a cualquier forma embrutecedora de trabajo.

Si suma entre 5 y 8 afirmaciones su caso es el de la mayoría de los bípedos sin plumas que nos llamamos hombres. Es trabajador porque no le queda otro remedio y porque algo hay que echarle a la olla, pero al mismo tiempo sueña con las largas noches polares que permiten dormir seis meses.

Si sólo dio entre 2 y 4 respuestas afirmativas, debe vigilarse. Usted tiene unas extrañas tendencias al trabajo que pueden llevarle a ascensos en su oficina y por consiguiente a un aumento de trabajo. No estaría de más que se tomara unas vacaciones y que aprendiese a no hacer nada dedicándose a pescar con caña.

Si únicamente respondió afirmativamente a una pregunta, ¡ay!, usted es un ser excepcional, de esos que sirven para que los patronos abusones lo pongan de ejemplo a sus desdichados compañeros. Procure cambiar o presiento que acabará muy mal. ¡Pero que muy mal!

-UN ANUNCIO DE "SE VENDE PERRO" POR FAVOR...

- ESTA NOCHE NO QUIERO JUGAR. ESTOY FATIGADO...

-¡IMBÉCIL! ¡CUANDO TE DIJE QUE TE ADORNARAS EL CASCO NO ME REFERÍA A ESTO!

- DESDE QUE OBSERVO LA DIETA QUE USTED ME RECOMENDÓ A BASE DE PLÁTANOS ...

- EL MECÁNICO YA ESTA AQUÍ, QUERIDA, AHORA PROBARÁ DE SACARTE.

-¡Y YO QUE SIEMPRE ME HE QUEJADO DE SER CORTO DE TALLA!

Plato del día: Genio a la «Brochette»

Ingredientes:
 1 tipo presuntuoso y engreído
12 individuos de la variedad «tira-levitas»
12 individuos de la variedad «pelotillero»
 2 frases estereotipadas
 5 kilos de «rollazo»
 0.00008 de modestia
50/00 de necedad y tontería
 Y cantidades masivas de orgullo

Preparación:
La principal dificultad con que se tropieza para con-
feccionar este suculento –pero muy indigesto plato– es la
de dar con el elemento básico apropiado, o sea el tipo
presuntuoso y engreído, y no porque los tales no abun-
den ¡ni mucho menos!, sólo que la mayoría de ellos sue-
len rebozarse en una máscara de hipocresía que les sirve
de camuflaje para despistar y dar el pego.

Sin embargo, conviene señalar que el merluzo en
cuestión, del que señalaremos de paso que no tiene relación alguna con el elemento piscícola y que dicho apela-
tivo se le aplica en su carácter más peyorativo, pues
como decíamos, el merluzo en cuestión suele aparecer en
lugares propicios para su desarrollo como son los ele-
mentos técnicos, artísticos o literarios, y suele vérsele
siempre rodeado de unos coros de «tira-levitas» y de «pelotilleros» que se dedican a entonar cánticos de alabanzas
en su *honor*, con la sana intención de conseguir que el
GENIO tenga a bien recomendarles al jefazo para que les
haga ascender un grado en su carrera o les conceda una
gratificación extra –que tampoco es moco de pavo.

Pudiendo, pues, reconocer al elemento principal por
los colaterales cantores que lo rodean, lo mejor será ha-

- ¿ES USTED EL CABALLERO QUE SE QUE-JÓ DE LAS COMIDAS?

- MAMÁ ¿PUEDO DESPERTAR YA A PAPÁ?.

cer una comprobación a fin de no sufrir errores lamentables. Para ello basta con situarse por sus alrededores y aguzar el oído. El elemento citado se dejará oír en seguida y su voz será campanuda o altisonante, dirigiéndose, como es de suponer a sus corífeos, o quizás a alguna víctima inocente a la que los azares de la vida ponga en manos del presuntuoso y engreído tipejo. Dará comienzo entonces al «rollazo» que versará, naturalmente, sobre sus «genialidades», «originalidades», etc., mezclando en el monólogo –puesto que el tal no suele admitir el diálogo a menos que sea a base de elogios por parte del interlocutor–, dos frases como las que reseñamos:

«Lo mío es lo mejor que se hace y lo de los otros no vale una papa.»

«Si no fuese por mí, esto se iría a hacer gárgaras.»

Con todo lo dicho, queda bien patente la clase de tipo que debe buscarse: necio, tonto, presuntuoso y engreído, carente de modestia y cargado de orgullo, lo que nos lleva a la conclusión de que el tal es más un necio con pretensiones de genio, que un genio con pretensiones. Le añadiremos entonces los dos coros –que tampoco serán difíciles de hallar, pues los «tira-levitas» y «pelotilleros» abundan que da asco– y ya tendremos el cuadro completo. Entonces, y para terminar, sólo faltará pinchar al «genio» –de otro modo no podría llamarse «brochette»– y decimos pinchar en el sentido más estricto de la palabra, puesto que a un tipejo semejante no hay modo de cogerlo ni siquiera con pinzas.

Terminado todo lo cual sólo nos resta desear a quien haya topado con el mencionado genio que... ¡Ojalá no se le indigeste!

* * *

- OYE, ¿LA BUJÍA QUE ME ENCARGASTE ERA DE OCHOCIENTOS VOLTIOS?

NO SE LO CREA, MI TRAJE NO ES NADA CARO, COMO QUE NO LLEVO NINGUNO.

- ¡ESTE PETRUS SIEMPRE SERÁ UN GULARRA!

El triste diario de un «Donjuan»

Marzo, 1. – La oficina era una especie de cementerio para cacatúas hasta que ha venido Luisita, la nueva mecanógrafa. ¡Es un verdadero bombón! Y tiene una sonrisa, y una mirada, que muchas artistas de cine las quisieran para ellas. Además, me parece que le caigo simpático.

Marzo, 2.– Luisita anda perdida con su trabajo. Menos mal que ha encontrado en mí a un buen amigo para echarle una mano y le he resuelto todas las dificultades del exigente y pelmazo que tenemos por jefazo. Me ha dado las gracias con un hilo de voz y me ha mirado de un modo lánguido y prometedor. Creo que como me emplee un poco a fondo la tengo en el bote.

Marzo, 3.– Como hacemos la nueva jornada de una hora para comer he aprovechado la ocasión para invitar a Luisita a comer conmigo en el «snack» de la esquina. Me ha demostrado que ni es remilgada ni le desagrada mi compañía. Tampoco es de las que no comen para guardar la línea. La verdad es que me ha desequilibrado un poco el presupuesto, pero espero que me compensará. Su sonrisa no podía ser más prometedora.

Marzo, 4.– Luisita me ha permitido acompañarla hasta su casa y se limitaba a sonreír.

Marzo, 5.– Hemos vuelto a salir juntos de la oficina y me ha permitido que la invitase a cenar, pero a condición de que nos acompañase una prima suya. ¡Caray, y cómo traga la primita! ¡Ni que tuviese hambre atrasada...!

Marzo, 6.– He tenido que pedir anticipo a don Tomás para invitar a Luisita y a su prima a ir al Teatro después de cenar. Luego hemos ido a bailar un poco. Por cierto, que creo que a la primita tampoco le soy desagradable... Si no fuera que Luisita me gusta tanto... Pero, no. Yo soy un hombre de ideas firmes.

SIN PALABRAS

● ● ● ● ● ● ● ● ● ●

Los recién casados llegan al hotel donde van a pasar su luna de miel. El se para y dice al empleado de la recepción:

—Diga al camarero que me suban cinco litros de café.

Luego sube con su deliciosa esposa a su habitación, y aquélla, sorprendida, le dice:

—No imaginé que te gustase tanto el café.

—¡Lo odio, querida! Pero es que hoy quiero estar despierto toda la noche.

* * *

Malesherbes había sido condenado a muerte. Iba ya hacía el patíbulo cuando su pie derecho tropezó contra una piedra.

—¡Mal presagio! —exclamó el condenado—. En mi puesto un hombre supersticioso se volvería a su casa...

* * *

- ¡Es indignante! Antes de casarnos siempre me llevabas cogida del brazo y ahora... ¡hala!

69

Marzo, 7.– Quise llevar a Luisita y a su prima a hacer una excursión pero se negaron pretextando que una parienta se estaba muriendo. No insistí y me fui solo a dar unas vueltas en coche. No vi ni una mala «autostopista». Y cuando volvía para casa... ¡Las vi a las dos muy amarteladas con dos jovenzuelos casi imberbes! Si no fuese porque un hombre hecho y derecho como yo no llora lo hubiese hecho de rabia. ¡Las muy cínicas! Me han tomado el poco pelo que aún me queda...

* * *

Había un actor famoso que era *terriblemente* feo. Un día, mientras se hallaba en escena representando una obra clásica, y siguiendo el papel de la misma, otro actor, le dijo:

–¿Qué os sucede, alteza? ¡Os veo cambiar de semblante!

Y uno de los espectadores del «gallinero» gritó:

–¡Déjale hacer! ¡Eso saldrá ganando el público!

Ni qué decir tiene que las carcajadas fueron generales.

* * *

El rey de Francia visitaba en cierta ocasión los Estados del Norte, cuando se le ocurrió detenerse en una hostería bretona que ostentaba el pomposo título de «El Universo». Cuando el hostelero se acercó al monarca, éste le preguntó si era el cocinero, a lo que el otro respondió:

–No, señor. Yo soy el dueño de «El Universo».

Y el rey con una sonrisa, replicó:

–¡Caramba! Y pensar que yo soy únicamente el rey de Francia.

SIEMPRE VA ASÍ A SU CASA DESDE EL DESPACHO. AFIRMA QUE ES MÁS SEGURO QUE POR LAS CALLES.

- ¡OH, CREO QUE SE VA A LLEVAR UNA GRAN DESILUSIÓN!

- LO HAS DE COMPRENDER, QUERIDO, CON TU SUELDO SÓLO PUEDE ALMORZAR UNO DE LOS DOS...

-OLVÍDATE DE LAS VACACIONES, QUERIDA, ESTE AÑO NECESITO DESCANSAR.

-SÍ, NUESTRO PUEBLO HA SIDO SIEMPRE MUY POBRE...

71

* * *

Un hombre vuelve a su casa de madrugada con toda la mano vendada. Su cónyuge que le esperaba armada de una escoba, al verle de ese modo abandona su actitud hostil y le pregunta muy preocupada:

–¿Qué ha sucedido?... ¿Has tenido un accidente?

–¡Nada de eso! Es que cuando venía tranquilamente hacia casa me encontré con un borracho estúpido que me pisó la mano.

* * *

Un amigo se encuentra a otro, de profesión actor de teatro, y se asombra al verle con la cabeza vendada y el brazo en cabestrillo.

–Sabía que la función de anoche fue un tremendo fracaso, pero no imaginé que te tiraran algo más que tomates.

–No. Si tiraron tomates... pero no se molestaron en abrir las latas.

* * *

Varios ancianos están reunidos en un café. El más joven de ellos, que frisa en los noventa años, dice con voz tonante:

–Estuve en la guerra del 14, luego fui a la del 40, pero ahora os aseguro que no volverán a pillarme en ninguna otra.

¡¡Desde luego que no lo pillarán, abuelo!!

* * *

Después del accidente. El guardia de la circulación se

-Sinvergüenza! Desde la salita he oído como le dabas un beso a mi hija!

-¿ TE APETECERIA ALGO... BUENO, QUERIDO?

· No sería boxeador por nada del mundo ¡Me horrorizaría quedar con la cara desfigurada!

-¡Esta vez iré yo! A ver si de esta forma deja ya de llamar cada cinco minutos.

acerca a la víctima, que está muy malparada, y le dice sonriente:

—Usted puede decir que ha nacido de pie. ¡Menuda suerte la suya al ser atropellado por una ambulancia!

EL QUE NO SE CONSUELA ES PORQUE NO QUIERE.

* * *

Dos vagabundos están sentados debajo de un puente y cambian impresiones sobre su vida. Y uno de ellos dice:

—Aquí donde me ves, hubo un tiempo en que yo tuve un coche.

—¡No es posible!

—Sí. Te lo aseguro. Mi madre lo empujaba...

* * *

El pariente pobre que visita al multimillonario se asombra al ver un soberbio coche detenido ante la puerta del palacete en que éste vive, y fijándose en las líneas aerodinámicas y casi aplastadas del vehículo, comenta:

—¿No resultan incómodos los coches tan bajos?

* * *

Un loco se asoma a la tapia del manicomio y observa a los transeúntes que pasan por la calle. Al cabo de unos instantes grita:

—¡Eh! ¿Sois muchos los chiflados que estáis ahí dentro encerrados?

* * *

— MI MARIDO PREFIERE LOS LIBROS QUE TENGAN UN FINAL FELIZ.

—¿QUÉ TE PARECE, ANACLETA, SI EN LU-GAR DE IR A CASA DE TU MADRE NOS VAMOS AL CINE A VER UNA DE TIROS...?

— YO QUIERO EL DEL CENTRO...

Canto al trabajo

Dos amigos conversan en el bar:
–¡Qué vida ésta...! –exclama uno de ellos–. Nunca sabes a qué carta quedarte. Te pones a buscar trabajo y si no lo encuentras, ¡malo...!
–¿Y si lo encuentras? –pregunta el otro.
–¡Peor!

* * *

Buen ejemplo

El jefe de la empresa quiere dar una lección a sus empleados, tomándose como ejemplo.
–Fíjense –dice–. Yo empecé sin nada. Soy un hombre que se ha hecho a sí mismo. ¿Qué opinan de eso?
Desde el fondo le contesta uno:
–Que abandonó el trabajo demasiado pronto.

* * *

Cambio de profesión

Una señora dice a un mendigo:
–¡Debe ser una gran desgracia estar cojo y no poder trabajar! Pero consuélese. ¡Peor sería estar ciego! ¿No le parece?
–Tiene usted razón, señora –replica el mendigo–. La semana pasada, que estuve ciego, todo el mundo me daba botones y monedas falsas.

* * *

- Ese chico es maravilloso ... Es capaz de vender cualquier cosa.

- No traigo el aspirador siempre que entro en la habitación

Las vacaciones

El director vuelve a su oficina bronceado, reposado y alegre. La guapa secretaria le pregunta dónde ha pasado las vacaciones.

–Un amigo me invitó a su campamento de caza en el bosque a bastantes millas de la ciudad. Tranquilo y silencioso. Nada de vida nocturna, nada de mujeres, nada de beber y fumar...

–¿Y se ha divertido? –inquiere la secretaria.

–¿Y quién dice que he ido...?

* * *

Construcción moderna

En el taller donde se hacen casas prefabricadas, los operarios se disponen a guardar las herramientas.

–¡Un momento, muchachos...! Todavía faltan veinte minutos. ¡Aún hay tiempo para hacer otra casa...!

* * *

Mal entendido

Unos doctores están mirando por Rayos X en la facultad de Medicina a un enfermo que trabajaba en el campo. Un médico, que se ha retrasado, llama a la puerta del Servicio, y, al entrar, quitan Rayos y dan luz roja para que se acomode.

–Qué, ¿te has acomodado ya? –le pregunta el jefe.

A lo que contesta el enfermo:

–¡Qué va...! Llevo más de tres meses sin trabajo...

* * *

Una actriz de teatro regresa de los Estados Unidos y al hablar de las condiciones de aquel «maravilloso» país, declara:

—Texas es lo mejor de todo. Allí todo el mundo es millonario. Las pulgas incluso son tan ricas que pueden permitirse el lujo de comprar un perro propio.

* * *

Dos esposos, «Rodríguez» o «viudos de verano», se encuentran en la terraza de un café y charlan de sus respectivas familias.

—Mi mujer es quien fija la fecha de comienzo de las vacaciones. Mis hijas elijen el sitio. Y mi suegra decide lo que han de durar.

—¿Y usted?

—¿Yo?... Me quedo en casita... y pago las cuentas.

* * *

¿Quieres probar mi nuevo delantal, querido?

- ¡No, señor, no! ¡Esto no es el Banco de Crédito, aunque hay alguien que así lo cree!

El domador

Un curioso observa a un domador en su trabajo y le pregunta:

—Oiga, ¿cuál de las fieras que tiene usted a su cuidado le da más que hacer?

—¡Mi suegra! —responde el domador sin vacilar.

* * *

Negativa positiva

El director de la empresa escucha en silencio la petición de un aumento de sueldo de un buen empleado; luego le dice:

—Amigo mío: sé que no puedes casarte con el poco sueldo que te pago, pero algún día me lo agradecerás....

* * *

La telepatía

Una mujer joven y guapa habla por teléfono con su marido que está en América.

—Queridísimo —le dice—, sé que estás trabajando en ultramar hace dos años, y te comunico que acabo de dar a luz a un magnífico niño. ¿Tu crees en la telepatía?

* * *

Trasnochadores

Dos obreros salen juntos del trabajo.

—Cuando vuelves tarde a casa, ¿qué te dice tu mujer? —pregunta uno.

DE COMPRAS

-¡Pero, profesor! ¡Que esto no es un "lepidóptero priamo"!

- Te ruego, querida, que me digas dónde quieres colgarlo definitivamente. ¡Es la quinta vez que me doy en la mano!

—Si yo no estoy casado —replica el otro.

—Entonces, ¿por qué vuelves tarde a casa?

* * *

Buen comienzo

Dos amigas se encuentran en la peluquería. Una dice:

—No sabía, Loly, que habías sido artista. ¿Cuándo dejaste de trabajar?

—El día que empecé...

* * *

¡Cómo sería la joven!

—Mi hermana es muy afortunada —dice uno.

—¿Por qué? —inquiere otro.

—Porque ayer, en casa de la marquesa de R., estuvo jugando a un juego en que los hombres, si perdían, podían elegir entre dar un beso o regalar una caja de bombones. ¡Y vino a casa con quince cajas de bombones...!

* * *

El marino

Un joven no encuentra trabajo y decide enrolarse en la Marina.

—Con que usted viene a matricularse —le dice el oficial—. ¿Y sabe usted nadar?

A lo que el aspirante exclama asombrado:

—¡Atiza! ¿Pero es que ya no hay barcos...?

* * *

- ¿NO TE RECUERDA LA SONRISA DE TU MAMÁ, A LA DE LA "MONA LISA"?

-OYE, LUIS, ME ACABAN DE HABLAR DEL ACCIDENTE DE QUE TE HAS LIBRADO MILAGROSAMENTE EN LA AUTOPISTA.

- NO SE PONGA MUY NERVIOSO, YO ES LA PRIMERA VEZ QUE DOY UNA INYECCIÓN Y TAMBIÉN LO ESTOY UN POQUITO... ¿SABE?

- ¡PERO HOMBRE, RECAPACITE! ¿NO VE QUE USTED SE ARRIESGA EN EL ROBO PARA QUE LUEGO SU ESPOSA SE LLEVE TODO EL DINERO?

Astrólogo muy astuto

Cierto astrólogo, durante el ejercicio de su trabajo predijo que una dama, a quien estimaba Luis XI de Francia, moriría en el término de una semana.

Así fue, y el rey, enojado, se propuso acabar con el astrólogo. Previno a los criados que a una orden suya le echaran por la ventana, y ordenó que el astrólogo compareciera ante él.

—Ya que sabes tanto —le dijo Luis XI—, seguramente sabrás en que fecha has de morir.

—Sí, señor; tres días antes que vuestra Majestad.

El rey que era muy supersticioso, no dio la señal. Dejó vivir tranquilamente al astrólogo y temía que muriera.

* * *

Criado de cámara

Un joven y magnífico negro, se presenta en casa de la Duquesa de Perlont para solicitar el puesto de criado de cámara.

Después de un breve examen, le dice la duquesa:

—¡Bien, le contrato! Pero... ¿usted conoce bien su servicio? Sabe, por ejemplo, que cuando un señor llama, si es uno de mis amigos, usted debe hacerle entrar en el salón, pero si es un proveedor...

—¡Sí, sí; yo saberlo! —le interrumpe el negro—. Yo ya servir antes en casa de p...!

* * *

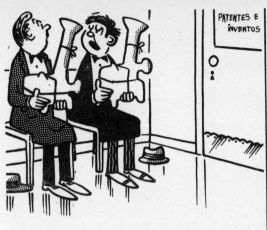

- LE RECUERDO QUE YO LLEGUÉ PRIMERO...

- ¿INDIOS? NO, NO HE VISTO NINGUNO ...

Vaya músicos

Cierta noche, hace algunos años, se reunieron varios amigos músicos a fin de ejecutar para su propio solaz varias improvisaciones. En el grupo estaban, entre otros, Platigorsky, Heifeta, Stravinsky y Rubinstein.

Al terminar, una señora se acercó a éste último y le dijo extasiada:

—¡Es lo más extraordinario que he oído jamás!

—Comprendo —le contestó Rubinstein—. Debo confesar que no hemos estado del todo mal, teniendo en cuenta que no disponíamos sino de músicos del lugar...

* * *

Aquel patrón

En cierta empresa era vigilante de noche un tal Mariano que había envejecido en la firma. Después de jubilado siguió trabajando como guarda nocturno.

Cierto día se produjo un incendio y el buen Mariano murió entre las llamas. El patrón llegó corriendo para conocer lo ocurrido. Los empleados no sabían cómo participarle la desgracia, pues creían que aunque tuviera fama de duro, se afectaría con la muerte del viejo trabajador.

El patrón, tras recorrer el edificio y ver que los daños no eran tan importantes como en principio se suponía, recibió la noticia con indiferencia y comentó:

—¡Qué se le va a hacer! De todas maneras, no podía estar aquí eternamente...

* * *

- ¡Doctor, venga en seguida! Se niega a ver progamas para niños.

- Sin palabras

-Es que siempre se olvidaba el paraguas.

-Yo creo que su invento causará sensación.

-¿Tú crees que será éste? Por teléfono me dijo que me esperaría en esta esquina con el sombrero en la mano.

-Por fin he encontrado a un hombre que le gustan s huevos fritos...

Ingenuidad

El empleado dice al jefe de la empresa:

—Quiero que me dé usted permiso esta tarde para asistir al entierro de mi tía.

—Pero ¡si el jueves último le di permiso para lo mismo! —exclama el director.

—Sí, señor; pero ese día no encontré entradas...

* * *

Error

Una secretaria llega a la oficina un lunes con un ojo negro.

—¿Cómo te lo has hecho? —le preguntan sus compañeras.

—Ha sido mi marido —responde ella tímidamente.

—Pero si creímos que estaba fuera de la ciudad...

—También yo... —replica la pobre desolada.

* * *

El nuevo director

—¡Hola, Luis! ¿Qué tal el nuevo director de la empresa?

—Bien —contesta el aludido—. En el transcurso de una perorata que duró cerca de dos horas, nos hizo la descripción de su carácter.

—¿Y qué os dijo?

—Que es hombre de pocas palabras...

* * *

SIN PALABRAS

– ... Y LUEGO ARMÁNDOME DE VALOR ENTRÉ EN EL DESPACHO DEL JEFE Y LE PEDÍ EL AUMENTO DE SUELDO, SE OYÓ UN GRITO, UN PUÑETAZO SOBRE LA MESA Y ENTONCES FUE CUANDO ME DESMAYÉ...

CHINESE TA RESTAURANT

– TAL VEZ SE ESTÉ USTED COMIENDO SU NIDO, POBRECILLOS.

En la óptica

El cliente pide al empleado de la casa:
–¿Podría darme unas gafas?
–Los cristales, ¿quiere que sean Zeiss? –le pregunta el dependiente.
–No; con dos tengo bastante...

* * *

Enigma

Un caballero nada mundano que vive aislado en su finca rural se ve forzado a asistir a un reparto de premios de una fiesta juvenil en la capital de la provincia. La indumentaria y el comportamiento de algunos jóvenes le escandaliza.
–Repare usted aquel tipo –dice a una persona–. Los cabellos cortos, pantalones y un cigarrillo en la comisura de los labios. ¿Es una muchacha o un muchacho?
–Muchacha. Es mi hija –responde la persona preguntada.
–Lo siento. Nunca me hubiera imaginado que fuese su padre.
–No soy su padre. Soy su madre.

* * *

Buen recurso

Durante el verano, un marido se queda trabajando en su negocio mientras la esposa veranea en una playa de moda.
–¡Ah, las mujeres...! ¡Qué ingratas! –exclama.

90

- ES UN CONSUELO SABER QUE AQUÍ NO LE MOLESTARÁN LOS VENDEDORES AMBULANTES...

- LO DIFÍCIL ESTÁ EN SABER DOMESTICARLAS, DESPUÉS, TE TEJEN LOS JERSEYS ELLAS SOLAS...

- ¿QUE SI HAY ESPERANZAS? ¿DE QUÉ?

- ¿Y DIJO QUE ERA URGENTE...?

- ¡VAYA DOMINIO DEL PEDRUSCO F.C.! ¡CÓMO LES HACEN EL "BAILE" A LOS DEL ZAPATA M.D...!

—¿Qué te ocurre? —le pregunta un amigo que le escucha.

—Hace quince días que se fue mi mujer a la costa y no me ha escrito una carta. Un telegrama de llegada nada más.

—Haz tú lo mismo. Mándale un telegrama anunciándole un giro para que se compre cosas y no le mandes el dinero. ¡Ya verás que pronto te escribe...!

* * *

En la farmacia

—El trabajo nocturno —dice el dependiente— es el más penoso y el más expuesto a equivocaciones lamentables.

—¿Ha cometido usted algún error de bulto? —pregunta un cliente.

—Uno gravísimo.

—¿Equivocó alguna medicina?

—¡Peor! Me dejé encajar un billete falso de cinco mil pesetas!

* * *

Esplendidez

—¿Cuánto le pagan por hacer ese trabajo? —pregunta un señor a un obrero.

—Nada —responde el preguntado.

—Pues yo le doy el doble si trabaja para mí...

* * *

— ¡Creo que ha conseguido el aumento!

Sin palabras.

Una señora se quejaba de que su marido la tildaba de ser una derrochona. Y se justificaba ante sus amigas diciendo:

—¿Sabéis vosotras de alguna que sea más ahorrativa que yo?... Fijaos sino. El otro día me enteré de que una tienda de París estaba saldando medias y tomé el avión directo de Nueva York a París para aprovechar esa ganga...

* * *

Un príncipe árabe, al que le reprochaban su harén, decía:

—Cambiar de mujer no representa cambiar de gusto, puesto que son las mujeres las que cambian.

Y el mismo príncipe decía refiriéndose al espíritu femenino:

—La mujer cree haber tomado una iniciativa o un decisión cuando hace lo contrario de lo que se le ha pedido que hiciese.

* * *

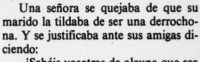

- Perdone, doctor, si hablo demasiado, pero hace tanto tiempo que mi mujer no me deja, que aprovecho la ocasión...

—¡Deja de reírte, Canelo!

93

El jefe astuto

Pepe y Teresa invitan a cenar al jefe de él y toda la cena sale a las mil maravillas. Aprovechando un momento en que están solos, el jefe le hace a Teresa una propuesta indecente. Ella responde:

–Cien mil pesetas me tendría que dar para ser suya.

Pero a la tarde siguiente apareció el jefe con las cien mil pesetas, y ella no tuvo más remedio que cumplir su palabra. Por la noche, al volver el marido preguntó:

–¿Ha estado aquí mi jefe?

–Sí –contesta la recelosa mujer.

–¿Y te ha traído cien mil pesetas?

–Sí.

–¡Ah bien! Es que quiso que se las prestara esta mañana y dijo que pasaría esta tarde para devolvérmelas...

* * *

Los niños no pagan

Una señora decide tomarse un día de ocio y acompañada de su niño sube a un compartimento de primera. Al presentarse el revisor le dice a la dama:

–Este niño no paga billete.

–No, señora –responde el empleado–. El niño no lo paga, lo pagará usted por él.

* * *

¡Para que te fíes!

Dos amigos conversan animadamente. Uno de ellos dice:

–Fui al baile para divertirme y estuve toda la noche

- ÉRASE UNA VEZ...

- SI ME PERDONAS TE PERDONO...

bailando con una máscara encantadora y, al final, ¿a qué no adivinas quién era...?

—Es cuento viejo —replica el otro—. Por la cara que pones, era tu esposa.

—No... ¡Peor! ¡Era el padre de ella...!

* * *

¡Todo arreglado!

Cierto inglés, en un momento de arrebato, mató en una fonda a una camarero que le servía mal la mesa.

Como es natural, se alarmó la casa, se alborotó el vecindario, y se pensó en avisar inmediatamente a la justicia.

—¡Qué diablos! ¡Tanto ruido por una fruslería! —exclamó el milord—. ¡Ponedme el mozo en la cuenta y asunto concluido...!

Los huevos

El granjero se halla en su trabajo, llega una criada y le dice:

—Desearía una docena de huevos de buena calidad.

El hombre va al gallinero, vuelve y dice a la sirviente:

—Tome. Dígale a su señora que acaba de sacarlos del ponedor. Vea, aún están calientes.

—No, no. Mi señora me ha dicho que los quiere frescos...

* * *

Atascados

Dos novios a bordo de un coche deciden hacer un via-

- FRANCAMENTE, PÉREZ... NO LE HEMOS CONCEDIDO EL ASCENSO PORQUE NOS PARECE VER EN USTED UNA CIERTA FALTA DE MADUREZ...

- ¡LO SIENTO, SEÑORA HERNÁNDEZ, PERO SU MARIDO YA HA SALIDO!

- Y ÉSTE LO CACÉ DESDE UN HELICÓPTERO.

- PUES SÍ, QUERIDA, NO TE PUEDES IMAGINAR LA DE GENTE DESPISTADA QUE HAY POR EL MUNDO...

- DISCÚLPAME SOBRE LO QUE HE DICHO DE LA COMIDA... PERO AHORA VE TÚ Y PRUÉBALA...

- YA VAMOS A TENER OTRA PATALETA.

je para divertirse. De pronto se encuentran embotellados en medio del tráfico en una noche helada. Se abrazan y acarician durante un rato y al cabo de un tiempo ella dice:

—¿Por qué no sales a ver qué pasa fuera?

El lo hace y poco después vuelve a entrar diciendo:

—Con razón ningún coche se movía. ¡Estamos en un aparcamiento!

* * *

El miedo

Una compañía teatral que hace una «tourné» está representando un drama de capa y espada. Uno de los actores tiene que morir, en el segundo acto, de una estocada. Pero la tizona, que está oxidada, no sale de la vaina.

Se produce un momento de expectación, pero al final la «víctima» salva la situación: se deja caer en el suelo y exclama:

—¡Ya ves, es el miedo el que me hace morir!

* * *

Coincidencia

La criada ha sido despedida y dice a la señora:

—Ya me han dicho que han dado ustedes malos informes de mí. Que no sé trabajar y no tengo vergüenza. ¡No encuentro palabras para expresar mi indignación...!

—¡Qué coincidencia! —exclama la señora—. Tampoco nosotros encontramos el reloj y los cubiertos...

* * *

Don Torcuato regresa del despacho y al entrar en su casa encuentra a su mujer muy seria. La cónyuge le dice:

—Has de pedirle disculpas a la cocinera. Si no, ha dicho que se despide.

—¿Por qué he de disculparme con ella?

—Esta mañana le dijiste una barbaridad por teléfono.

—¡Ah! Bueno... Creí que hablaba contigo.

* * *

Samuel encuentra a su amigo Jacob en la sinagoga y, a modo de saludo, le pregunta a media voz:

—¿Qué tal te van los negocios?

Jacob mira en torno suyo con aire precavido y también en susurro dice:

—Si me das tu palabra de honor de que no vas a pedirme dinero prestado te diré que me van estupendamente.

* * *

—ES LA ÚNICA FORMA DE HACERLE BEBER EL CAFÉ CON LECHE...

— OIGA, POR FAVOR ¿QUÉ PODRÍA IR A BUSCAR UNA FICHA...?

— EL JEFE VA A MENOS. DICE QUE AHORA EN VEZ DE CONTRABANDO DE WHISKY LO HAREMOS DE REGALIZ...

CADA CUAL CON SUS PREFERENCIAS.

Rectificación

El profesor se halla trabajando en su casa. Repasa los exámenes escritos que le han entregado sus alumnos. De pronto suena el teléfono:

–¡Diga!

–¿Es el profesor de Historia?

–Sí, señor.

–Habla el alumno Pérez. ¿Quiere usted hacer el favor de anular el casamiento de Napoleón con doña Urraca y casarlo con Josefina?

* * *

¡Vuelve por otra...!

Siembra un labrador su campo cuando pasan por allí dos jóvenes muy bromistas. Dispuestos a burlarse, uno de ellos dice:

–Usted trabaje y nosotros nos comeremos el fruto.

A lo que el campesino replica:

–Todo puede ser. Precisamente estoy sembrando cebada...

* * *

El salvamento

Una hermosa y joven profesora, que ha estado ahorrando durante algún tiempo, decide hacer un crucero de placer. A bordo de la nave va escribiendo en su diario:

«Lunes: Esta tarde el capitán me pidió que cenara en su mesa. Martes: El capitán me hace una proposición poco digna de un oficial y de un caballero. Miércoles: Esta noche el capitán me ha amenazado con hundir el

- Dice que es urgente

- ¿ Te refieres a aquella fantástica morenucha de ojos verdes, vestido de seda negro y medidas 37-22-36 ... ? No, no me he fijado, querida.

● ● ●

- ¿ Hasta qué hora tienen abierto? ¡Quiero mirar cómo queda a la luz de la luna...!

● ● ●

NOCHE DE REYES DE
NIÑOS MODERNOS

- Y pensar que algún día tendremos
que hacer estas mismas tonterías.

-Me quedo con éste.

101

barco si no accedo a sus indecentes proposiciones. Jueves: ¡¡Esta tarde he salvado la vida de mil personas...!!

* * *

Una ayudita en el trabajo

El padre le dice al hijo:
–¿Se ha dado cuenta tu maestro de que te he hecho yo los deberes?
–Sí, papa; me ha dicho que era imposible que yo hiciese tantas faltas...

* * *

Buenas vacaciones

Una señora acaba de perder a su marido. Los parientes y los amigos desfilan, respetuosamente, ante el finado.
–¡Nadie diría que está muerto! –exclama uno–. Tiene un aspecto muy placentero.
–No es de extrañar –responde la viuda–. Acababa de regresar de sus vacaciones y le habían sentado muy bien...

* * *

Al teléfono

Recien llegada del pueblo, una joven entra a trabajar de sirvienta en una casa. De pronto suena el teléfono, acude a la llamada y coge el receptor. Pero no se entiende con la persona que le hable de la otra parte del hilo.
La señora, que está en el salón, pregunta, impaciente:
–¿Con quién habla, Manuela?

103

—No lo sé, señora; no puedo verle la cara —responde la ingenua muchacha.

* * *

Regio admirador

El rey se digna visitar una clínica quirúrgica y halla al médico director en pleno trabajo, amputando una pierna a un enfermo. El monarca sigue con interés la marcha de la operación y expresa, en diferentes momentos, su admiración por la maestría del cirujano.

—¡Bravo, bravo, querido doctor! —le dice.

Terminada su labor, el médico se acerca al Rey, e inclinándose ante él, le pregunta obsequioso:

—¿Desea Vuestra Majesta que ampute la otra pierna?

* * *

En la oficina

Un empleado dice a un compañero que duerme sobre la mesa de trabajo:

—¡Despierta, tú, que es la hora de salir! ¡Ya sabes que al jefe no le gusta que se hagan horas extraordinarias...!

* * *

El retrato desnudo

Un afamado pintor se halla trabajando en su estudio. De pronto llega una señora y le pregunta:

—¿Cuánto cuesta un retrato a tamaño natural?

Cuando el artista le contesta lo que cuesta, ella insiste:

- VAYA, YA SALIÓ OTRA VEZ AQUEL ACTOR TAN GUAPO.

- EN EL TELÉFONO HAY UN OPTIMISTA QUE QUIERE HABLAR EN SERIO CONTIGO...

- ¡NO PUEDES ROMPER NUESTRO COMPROMISO! ¡AÚN NO HAS PAGADO EL ÚLTIMO PLAZO DEL ANILLO!

—¿Y desnudo?

—Le costará el doble, pero tendrá que quedarse en zapatillas, porque el suelo del estudio está muy frío...

* * *

Mala adivinadora

Un individuo está sin trabajo. Y tratando de orientarse respecto a su porvenir, se dirige a casa de una adivinadora.

Llama con los nudillos a la puerta.

—¿Quién es? —pregunta la adivinadora desde dentro.

Al oír la pregunta, el hombre da la vuelta y se marcha, murmurando:

—Si no sabe quién soy, menos sabrá la suerte que me espera...

* * *

En el despacho

El empleado de la oficina entra a ver al jefe y le dice:

—Señor, le participo que se me ha muerto la suegra.

—¡Vaya, lo siento! ¿Y qué desea?

—Pues que como mañana es el entierro, le agradeceré me deje hacer fiesta...

* * *

En el restaurante

Un cliente pregunta al empleado de turno:

—Oiga, camarero, ¿han cambiado el gerente?

—Sí, señor.

Marie-Chantal viste de luto, lo cual no le ha impedido ir a un baile de Caridad, pero mientras baila un rápido y movido «rock-and-roll», dice a su compañero:

—Por favor, René... Estoy de luto. Ve un poco más despacio. He de guardar cierta compostura para con mi pobrecito marido.

* * *

Entre pintores abstractos, en una exposición de un colega. Uno comenta el éxito obtenido por el «amigo» cuyos cuadros llevan todos el cartelito de «vendido».

—¡Es sorprendente!

El interesado ha llegado a tiempo de oír la exclamación, se acerca al amigo y pregunta:

—¿Qué es lo que te sorprende de mis cuadros?

—¡Que los vendas!

* * *

— ÉSTE ES EL RESULTADO DE TUS PAGAS EXTRAS DE TODO EL AÑO.

(COMO RIE EL EMPLEADO PELOTA) JA, JA, JA!... ¡JI, JI, JII... ¡JO, JO, JOI... (COMO PIENSA) "Con tal que mi risa parezca natural, ¡es la octava vez que me cuenta este chiste!..."

— YA ESTÁ BIEN ANITA, NO ECHES MÁS TIERRA... ¡¡¡SOCORROOOO... !!!

— ¿VES JOE? YA TE HABÍA DICHO YO QUE HABÍAN HECHADO JABÓN EN LA PINTURA...

—Entonces el que había, ¿ha sido despedido?
—¡Oh, no señor! Está enfermo.
—¿Qué enfermedad tiene?
—Lo ignoro; lo único que sé es que el médico le ha prohibido que venga a comer aquí...

* * *

En la peluquería de señoras

Mientras trabaja, la peinadora conversa con la señora.
—Esa doña Carmela —dice— tiene tanto pelo, que necesito más de una hora para peinarla.
—Pero, ¿el pelo es suyo? —inquiere la clienta.
—¡Ya lo creo! ¡Cómo que se lo vendí yo!

* * *

Trabajo rápido

En la feria, un empleado grita a la gente:
—¡Adelante, señores, adelante! ¡Trabajo rápido! ¡Se retrata al segundo! ¡Sólo por cincuenta pesetas, un magnífico retrato! ¡Fotografía al segundo! ¡Pasen, señores, pasen!
Un aldeano, que hace rato escucha, replica:
—Yo estoy aguardando que pase otro.
—¿Por qué? Pase usted; no hace falta esperar a nadie.
—Oiga, ¿pues no dice usted fotografía al segundo? Por eso no querí entrar el primero...

* * *

¿Comprendes ahora por qué no debemos levantarnos yendo en canoa?

- Cuando necesite tu ayuda ya te llamaré

- Lamento tener que dejarles, caballeros, pero mi marido es algo celoso ...

Superstición

Terminado su trabajo, el zapatero entrega la nota al cliente. Este protesta:

—Me pone usted catorce pesetas en la nota, y son trece solamente.

—Perdóneme, señor —replica el remendón—; creí que era usted supersticioso.

* * *

El gol

Un árbitro de tercera división actuaba cierto domingo en un partido decisivo del campeonato de la comarca. En una jugada desgraciada de la defensa local la pelota entró en el marco del equipo propietario del campo y el árbitro, antes de pitar, exclamó:

—¡Gol!

Pero apenas había proferido esta exclamación observó que cuatro corpulentos jugadores del equipo local se hallaban a su lado, quienes con voz amenazadora le preguntaron:

—¿Qué ha dicho?

El árbitro hizo una rápida reflexión y tartamudeando de temor dijo:

—¡He dicho goool... pe... franco!

* * *

Hay que pensar lo que se dice

El jefe entra en su despacho con un ojo morado, y su linda secretaria le pregunta:

—¿Se peleó con su mujer anoche?

AL FUTBOL

- A este viejo león, de vez en cuando hay que despertarle.

"...10...9...8...¡Oh!...6...5..."

- Lolita, ¿por qué no olvidamos nuestro enfado?

111

—Sí. Y todo porque estaba yo medio dormido, cuando ella se me puso encima y me pidió hacer el amor... Sin pensar, le contesté: «No, hasta que no copies a máquina todas las cartas que te he dictado...»

* * *

Sinceridad

Un empleado entra en el despacho del director de la empresa y le pide un permiso por quince días.

—¿Dice un permiso? —se extraña el jefe—. Pero si hace sólo una semana que ha vuelto usted de vacaciones... No comprendo.

—Tengo una razón poderosa, señor director. Voy a casarme

—¿Y por qué no se ha casado usted durante su vacación?

—¡Eso, de ninguna manera! ¿Cómo iba yo a estropearme las vacaciones?

* * *

¿Y qué más?

Una señora desea hacer un viaje de placer y pide su billete en la central de ferrocarriles. Dice al empleado de ventanilla:

—Quiero un billete en el primer coche, departamento central, al lado de la ventanilla, de cara a la máquina...

—Bien, señora —le interrumpe el empleado—. ¿Quiere también televisor en color, champán...?

* * *

-TAL VEZ QUIERE DECIRNOS QUE PREFIERE LA TELEVISION EN COLOR.

- Y BIEN, QUERIDO ¿VIENES A FREGAR LOS PLATOS O TE VENGO A BUSCAR?

- ¡Oh, querido, qué alegría! Acabo de ganar el primer premio en el concurso «Sea usted una buena ama de casa»

DESAYUNANDO...

Nueva secretaria

Una bella joven que aspira al puesto vacante de secretaria conversa con el director de la empresa. Este le dice:

—Pronto se dará cuenta de que es muy fácil trabajar conmigo, señorita Luisa...

—Eso espero —replica la muchacha.

—Mi antigua secretaria todavía estaría conmigo si no fuera porque olvidó poner una coma en una carta que le dicté...

* * *

Las gafas

Antes de dar comienzo la carrerra automovilística de las 24 Horas de Le Mans de hace unos años, un aficionado daba ánimos y consejos a unos corredores ingleses.

—Se ve que usted entiende bien esto —dijo uno de ellos—. Debía decidirse a correr.

—A veces estoy tentado, pero comprendo que es imposible, porque hay ratos que todo me da vueltas ante los ojos.

—Ese efecto puede tener arreglo. Tal vez con unas buenas gafas...

—¿De verdad cree usted que con unas gafas puedo hacer algo contra el whisky...?

* * *

Ventrílocuo

Una tarde, la esposa llega de improviso a la oficina de su marido y le encuentra con la bella secretaria sentada en sus rodillas.

114

MODERNISMO

— .... Y TE ASEGURO PAPÁ QUE MI JE-
FE Y YO HEMOS EMPEZADO MAL. FI-
GÚRATE QUE AL PRIMER DÍA DE TRA-
BAJO YA HA RECHAZADO MI DEMANDA
DE AUMENTO DE SUELDO.

— ¡POR LO QUE MÁS QUIERAS DEJA YA DE
DECIR IZQUIERDA, DERECHA, IZQUIERDA,
DERECHA.

— SU HIJO ÚNICO, ¿VERDAD?

—¿Qué hace esta muchacha en tus piernas? –grita la mujer.

—Nada, querida –responde el esposo.– Estoy estudiando para ventrílocuo.

* * *

De mal en peor...

En la consulta de un doctor un cliente, ya conocido.

—¿Qué? ¿Se encuentra usted ya mejor? ¿Se curó de su insomnio? –le pregunta el médico.

—Estoy peor que nunca, doctor. Ahora no tengo ganas de dormir ni siquiera a la hora de levantarme para ir a trabajar a la oficina.

* * *

En la playa

Un banquero se desplaza en viaje de vacaciones a una playa de la Costa Brava. Como de costumbre, le acompaña su secretario, el cual le cuida como a un niño.

Cierto día, el banquero se queda dormido sobre la arena de la playa, y la marea comienza a subir.

—Señor, señor –le grita el empleado–. La marea está subiendo.

Y el banquero, medio adormilado, responde:

—Pues aprovecha y vende esas acciones.

* * *

Demasiados testigos

Cuentan que el famoso comediógrafo Ferenc Molnar

—¡Le repito que aquí no vive ningún señor López!
Ya es la novena vez que se equivoca.

—¡Oye! ¡Dile a tu hermanito que deje ya de silbar-
me y echarme piropos!

tenía la sana costumbre de levantarse muy tarde. Dado su horror a los madrugones, recibió con espanto la petición de un amigo íntimo que le reclamaba como testigo en un juicio que debía celebrarse a las ocho y media de la mañana.

El amigo, que lo conocía bien, se quedó a dormir en la casa del comediógrafo para sacarle del lecho por las malas, y así consiguió verse con él en la calle a las ocho.

Molnar asombrado de ver a aquella hora mucha gente circulando por la vía pública, preguntó a su amigo:

—Oye, ¿todos éstos son testigos?

* * *

La segunda multa

Un hombre de negocios americano, obligado por su mucho trabajo, debía trasladarse con urgencia de Denver a Chicago. En un pequeño pueblo de tránsito fue detenido por exceso de velocidad y llevado a presencia del juez. Fue condenado a pagar diez dólares de multa.

Pero en lugar de diez puso veinte sobre el pupitre del juez, el cual extrañado, le dijo:

—Me da usted diez dólares de más.

—No —replicó el negociante—. Le pago de antemano la segunda multa, porque voy a abandonar este pueblo a la misma velocidad con que entré en él.

* * *

Buen reparto

Un señor fue a ver a su abogado, y le dijo:

—Vengo a darle trabajo. Quisiera hacer testamento, pero no sé exactamente cómo hacerlo.

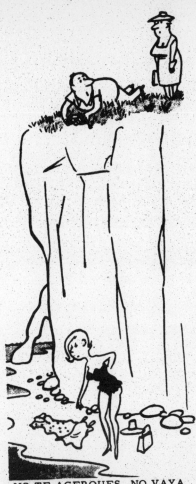

- NO TE ACERQUES, NO VAYA A DARTE EL VERTIGO.

- ES UN PLACER, RAMÍREZ, ENCONTRAR UN DIRECTIVO JOVEN QUE NO ESTÉ TODO EL DÍA PRACTICANDO GOLF.

- ¡AH! SE ME OLVIDÓ DECIRLE QUE EL CAPO TAMPOCO FUNCIONA MUY BIEN.

- ¡YA VERÁS LO CONTENTOS QUE SE PONEN EN MI CASA CUANDO VEAN EL NUEVO AMIGUITO QUE TENGO. . .!

—No se preocupe —le cortó el abogado—. Déjemelo a mí.

—Bueno... —repuso el hombre—. Ya me figuraba yo que usted se llevaría una buena parte, pero quisiera dejarles también algo a mi esposa y a mis hijos...

* * *

Morir como Cristo

El señor Pérez ha sido un hombre trabajador y honrado. Ahora está en cama moribundo y dice a su esposa:

—María, manda buscar al panadero y al tendero.

Suben éstos, y sorprendidos, preguntan a Pérez qué desea, a lo que éste responde con voz compungida:

—Poneos uno a mi derecha y otro a la izquierda.

—Pero ¿por qué? —inquieren, extrañados, los comerciantes.

—Porque quiero morir como Cristo... en medio de dos ladrones.

* * *

Propaganda electoral

El trabajo de convencer a los electores es arduo y difícil. Los hay muy cazurros, que no quieren dejarse atrapar.

Cierto propagandista recorre un pueblo tratando de ganar adeptos. Un cachazudo labriego se escurre hábilmente sin permitir que le cojan.

—¿Votará usted por nosotros? —le pregunta el político.

—No sé. No tengo ideas políticas —responde el aldeano.

—¡Tome usted las mías!

- QUERIDO, ¿ESTÁS SEGURO QUE NECESITAMOS TODAS ESTAS LÁMPARAS...?

.- NO LO TOMES ASÍ, MARTA. PERDO-
NA Y OLVIDA... COMO YO HE PERDO-
NADO A LUIS Y LO HE OLVIDADO CON
ROBERTO...

- ¡¡AH...!! ¡EL GUISADO!

121

—¡De ningún modo, señor! ¿Cómo voy a dejarle a us
ted sin ellas?

* * *

Eso depende

Durante su trabajo en la tienda el dependiente le pre-
gunta al patrón:
—Señor, aquí hay un cliente que quiere saber si las ca-
misas de lana encogen...
—¿Le queda grande o chica?
—Grande.
—¡Entonces encogen, idiota...!

* * *

El libro de oro

En uno de sus viajes, Giovanni Guareschi, el autor de
«Don Camilo», pasó una noche en un elegante hotel pa-
risino. A la mañana siguiente el director le pide que ten
ga la bondad de firmar en el libro de oro del hotel.
Guareschi acepta, encantado, y ve, precisamente, en
cima del espacio que se le ha reservado para firmar la si
guiente inscripción: «Don José Cristóbal de Borbón, con
su séquito». Coge la pluma y escribe debajo: «Giovanni
Guareschi, con sus maletas».

* * *

Buena publicidad

Un granjero, cansado de sus inútiles esfuerzos, decidió

El financiero recibe al candidato a la mano de su única hija. Deja que el joven le exponga sus pretensiones y cuando el muchacho ha terminado de hablar, le dice muy afable:

—Bien, joven. De momento no puedo aceptar su solicitud, pero déjeme sus señas y en caso de que no se presente ninguna más conveniente volveremos a tratar del asunto.

* * *

Un individuo vestido con el atuendo clásico de Napoleón se presenta al director del Sanatorio Mental y le dice:

—He hablado de usted a Josefina.

—Bien, ¿y qué le ha dicho?

—Qué está usted completamente loco.

* * *

—¡Ah! Mi buen amigo —exclama un señor en la plataforma del autobús, dirigiéndose a un desconocido que está ante él—. ¡Cómo se parece usted a mi mujer!... Es igual en todo, a excepción del bigote...

—Pero si yo no llevo bigote.

—Usted, no. Ya lo veo. Pero ella, sí...

* * *

LA VIOLENCIA ME REPUGNA... ¡POR FAVOR, LUCHEMOS CON INGENIO!

—PERO MAMA, POR DIOS NO HAGAS ESO, ESPERA A QUE REGRESE PAPA.

— ¡DICE QUE ESTO YA ESTÁ DESCUBIERTO!

vender su granja y llamó a un agente de publicidad para que escribiese un anuncio.

El especialista hizo un trabajo tan brillante que el granjero, después de haber leído el anuncio, renunció a la venta.

—Pero ¿por qué? —preguntó el publicista.

—¡Caramba! —exclamó el granjero enseñándole el anuncio—. Esta es justamente la granja con la que siempre he soñado...

* * *

Castigo de esposa

El jefe llega muy serio al despacho y sin más explicaciones ordena a su guapa secretaria:

—Escribe: «No llevaré nunca más a mi seccretaria a cenar...» ¡Mecanografíelo quinientas veces, démelo para la firma y expídaselo a mi mujer!

* * *

Los masajes

A un señor le recomienda el médico someterse a unas sesiones de masaje, para que recobre el vigor perdido.

Obediente, el hombre acude a la sala, se desnuda y no tarda en llegar una bella muchacha dispuesta a cumplir con su trabajo. Pero al observar ésta el proceder del paciente le dice:

—Perdone, señor, recuerde que ¡soy Yo la que debe dar los masajes...!

* * *

DESPISTE

¿VES, PEPE? YA TE DIJE QUE NO TE ACERCA-
RAS TANTO EL MICRÓFONO A LA BOCA...

- ES EL PROFESOR ROSSI-
NI, ESPECIALISTA EN MI-
SIONES RÁPIDAS...

META

Sin palabras

- SONRÍE,
VA A SALIR
UN PAJARITO.

- NO COMPRENDO CÓMO NO NOS HAN VISTO,
LES ENVIÉ UNA DESCRIPCIÓN EXACTA...

Trabajo doméstico

Una señora entra en una tienda de aparatos electro-
domésticos y dice al empleado:
—Deseo un lavavajillas de fácil manejo.
El dependiente le muestra un modelo y contesta:
—Aquí lo tiene. Este es inmejorable.
—Es que no quisiera —replica la mujer— que mi marido
al emplearlo me molestase constantemente con pregun-
tas...

Televisor malo

Llega el técnico en televisión a la casa donde ha sido
llamado con urgencia. Mira detenidamente el televisor y
pregunta, extrañado a la señora:
—Dígame, ¿cuál es el inconveniente que tiene su aparato?
A lo que la señora le responde:
—Mire, para empezar, muchos programas que no me
gustan...

* * *

Economía

Un viajante de comercio, al regresar de su viaje presenta al cobro la nota de los gastos. Pero el gerente de la
empresa, después de estudiarla cuidadosamente, exclama:
—Aquí veo que nos carga 1.000 pesetas por el taxi que
le trasladó desde Puigcerdá a la Seo de Urgel. ¿Por qué
no tomó el tren?

126

— ¡SAL FUERA SI TIENES VALOR!

PUNTO DE EBULLI-CIÓN.

— ¡Todavía no parecen muy seguros!

— SI HAY FUEGO, AVÍSEME. YO ESTARÉ EN ESTA TIENDA.

–Porque la construcción de una línea de ferrocarril entre la Seo y Puigcerdá le hubiera costado más cara que el taxi...

* * *

El periodista novel

El nuevo reporter, recién salido de la escuela de periodismo, hace su primer trabajo policial, y concluye:

«Por fortuna, la víctima había depositado antes todo su dinero en el Banco. No perdió más que la vida».

* * *

Los indispensables

Un individuo se las daba de muy trabajador y de ser un elemento indispensable en la empresa. A menudo solía decir a sus compañeros:

–La fábrica no marcharía si faltase yo de allí.

–¡Bah...! –le contestó uno cierto día–. Los cementerios están llenos de gente que creía que el mundo no podría marchar sin ellos.

* * *

Encargo bien hecho

–Bautista –dijo un caballero a su criado–: cuando salgas acuérdate de comprarme una butaca de primera fila para el teatro.

Dos horas después regresó el criado y dijo:

–Señor: por más que he buscado en todos los almace-

Durante el entreacto del estreno de una obra, los periodistas y críticos comentan las «virtudes» de la función. De pronto ven acercarse a la mujer del autor, repartiendo sonrisas y reverencias y apretones de manos. Y un crítico, dando en el codo de otro colega, murmura:

–¿No encuentras, que hoy está menos fea que habitualmente?

–¡En absoluto! –responde prontamente el otro–. Ella podrá estar más fea alguna que otra vez, pero, ¿menos?... ¡Nunca!

* * *

Douglas asiste al entierro de Smith, que ha muerto repentinamente de un ataque al corazón. Douglas no cesa de llorar desconsoladamente durante el entierro, y lo hace con tal énfasis que un pariente del muerto le dice:

–¿Tanto apreciabas a nuestro querido Smith?

–Sí... Tanto... Y lo que más siento es que anoche me invitó a comer hoy en su casa.

* * *

– LO QUE ME TEMÍA, SE HA SUICIDADO...

– HE CAMBIADO DE IDEA, QUERIDA... IRÉ A CASA A CENAR.

–JEFE, ¿CREE USTED QUE ALGUIEN NOS RECONOCERÁ?

129

nes no he podido encontrar butacas de primera fila, pero le he traído un sillón de cuero que le va a gustar...

* * *

¡Coladura!

Suena el teléfono en el despacho del gerente de la empresa y éste atiende la llamada.
–Diga.
–Le hablo de parte del empleado Suárez –dice la voz–. Está enfermo y no podrá ir a la oficina.
–¿Quién habla? –pregunta el gerente.
–Mi mujer –responde la voz.

* * *

Cuestión de matiz

Un gran cirujano de Nueva York fue llamado a la cabecera de un millonario francés. Atravesó el Atlántico en avión y después se metió en un automóvil que le esperaba en la misma pista de aterrizaje.
Mas a pesar de los medios puestos a su disposición, el eminente especialista no pudo hacer otra cosa que recoger el último suspiro de su cliente.
Al presentar sus condolencias a la llorosa viuda, ésta le dijo:
–Estoy desolada, señor profesor, de haberle hecho venir de tan lejos para nada.
–¡Eh! –exclama el cirujano– ¿Cómo que para nada? Yo no trabajo de balde, señora... Mis honorarios son... dólares.

* * *

- Espero que tu esposa no se opondrá a que traigas un invitado a cenar...

La cena está servida

- ¡Ah, ya no me acordaba que tenía que ir a la peluquería!

Sin palabras.

- Deja que lo adivine... ¿un brillante?

-¡ Y no se moverá del sótano hasta que pida perdón... !

131

Lección de aritmética

Durante la clase de matemáticas, el profesor pregunta:

–¿Cuánto cobraría en una semana un obrero a quien su patrono le pagase cien pesetas diarias de jornal?

–Cien pesetas –responde un alumno.

–¿Cómo cien pesetas?

–Sí, señor; porque al segundo día se despediría.

* * *

Trabajo

Dos amigos se encuentran en la calle.

–Oye, ¿desde cuándo trabajas en esa empresa? –pregunta uno.

–Desde que me amenazaron con despedirme –responde el otro.

* * *

Tal para cual

Juan está sentado a la cabecera del lecho de muerte de su socio en la empresa de la construcción. El moribundo sabe que su fin se halla cercano y, antes de morir, quiere tener un gesto de arrepentimiento.

–Oye, Juan –dice– quiero hacerte una confesión: nunca he sido honesto contigo. En los últimos años sustraje dos millones de la caja. Después vendí los planos secretos de nuestro arquitecto en tres millones. Y por último, yo fui quien robó las cartas que tenías en tu escritorio y que determinaron el divorcio de tu mujer...

–Vamos no te preocupes, viejo amigo –le interrumpe

- ¿ESTÁS SEGURA DE QUE LUISITO
ESTÁ EN EL COLEGIO...?

-ME HE HECHO AMIGO DEL HIJO DE LOS
VECINOS.

- ¿LO CREES AHORA...?

Juan–. Eso no tiene importancia. Puedes morir tranquilo.
Yo, en cambio, soy el que te ha envenenado...

* * *

Deducción lógica

Un señor entra en el despacho de la empresa y pregunta a un empleado:
–¿Está el jefe?
–No, señor; ha salido.
–¿Volverá pronto?
–Lo más seguro, porque ha salido con su mujer.

* * *

Precaución

La cocinera nueva le dice a la señora:
–Mi último amo era un fotógrafo.
–¿Y por qué se ha marchado usted de su casa?
–Porque retrataba los trozos de carne antes de mandarlos a la cocina...

* * *

Buenos socios

Un recién llegado a América es contratado como representante de una firma de maquinaria. Comienza su trabajo y en una de sus primeras visitas, oye decir a un cliente americano:
–Lo siento, pero sólo compro artículos a americanos cien por cien.
El inmigrado trata de convencer al coriáceo cliente,

MacTavish se encuentra con su amigo MacAllister y le dice:

—Un vecino mío me ha venido con el cuento de que eres un usurero. ¿Es cierto eso o se trata sólo de una invención?

—Verás, según y conforme. El día que presto dinero soy un salvador, pero cuando reclamo que me lo devuelvan es cuando dicen que me convierto en usurero.

* * *

—¿ES QUE NO SON BASTANTE BUENOS PARA TI LOS FILTROS NORMALES?

SIN PALABRAS

- LO SIENTO MR. BUCKLEY, PERO LOS GASTOS DE SU ESPOSA SUBEN TANTO QUE A USTED NO LE QUEDA DINERO PARA PEDIR EL DIVORCIO...

—SI, ESTOY UTILIZANDO EL TELEFONO, PERO ES QUE AHORA NI A PEPITA NI A MI SE NOS OCURRE NADA PARA DECIR.

135

diciéndole que sus ascendientes habían llegado en el «Mayflower», y así consigue realizar la venta.

Cuando va a despedirse ve dos grandes retratos colgados en la pared, uno de Washington y otro de Lincoln.

—¡Estupendos hombres! —comenta el vendedor—. ¿Son socios de usted?

* * *

Color natural

Mientras hace su recorrido de visitas por el hospital, una mañana muy temprano, el médico de servicio advierte que una de sus jóvenes pacientes no está en su lecho. Llama a la enfermera y le pregunta, extrañado:

—¡Enfermera! ¿Dónde está la muchacha del 146?

—¡Oh! —exclama la novata—. Tenía una fiebre altísima y la he metido en la cama de un joven paciente que temblaba de frío...

* * *

En el restaurante

El cliente intrigado, después de consultar la carta pregunta al camarero de turno:

—Dígame, mozo: ¿por qué los huevos pasados por agua son más caros que los huevos revueltos?

—Muy sencillo, señor —responde el empleado—: los huevos pasados por agua se pueden contar y los revueltos no.

* * *

— PARECE QUE LAS LÍNEAS AZULES NO MARCAN LAS CARRETERAS...

— TE HE DE DECIR LA VERDAD, LOLITA, YO NO TENGO MUCHO DINERO...

SIN COMENTARIOS

Los hermanos

La señora entra en la cocina y encuentra a su cocinera, en vez de trabajar, en amoroso palique con un guardia de la circulación.

–¡Muy bonito! ¿Así trabaja usted? –exclama la señora, indignada.

–No piense mal, señora. Se trata de mi hermano –se disculpa la cocinera–. Nos queremos mucho y hacía tiempo que no nos veíamos...

–¿Su hermano? No lo creo. No se parecen en nada.

–¡Ya lo creo...! Siempre nos hemos parecido mucho. Lo que ocurre es que desde que él se afeita el bigote nos parecemos menos...

* * *

Máquina de fregar

Mientras el marido recoge la mesa, la esposa, bien repantigada en una butaca, ve la televisión.De pronto suena el teléfono y ella acude a la llamada. Después de colgar dice a su esposo:

–Oye, Toribio, cuando termines de fregar en casa irás a fregarle a mamá, porque papá está enfermo...

Seguros sociales

Un obrero llega a casa de cierto compañero y le dice:

–El jefe, extrañado de que lleves tantos días sin pasar por la oficina a trabajar, me manda para saber qué es lo que tienes.

A lo que el aludido responde:

–Pues dile, que, como tener no tengo nada, pero estoy esperando la gripe de un día a otro...

– PAPÁ, ¿VERDAD QUE AHORA ME AUMENTA-
RÁS MI ASIGNACIÓN SEMANAL?

. AHÍ FUERA HAY UN VECINO QUE QUIERE
FELICITAR AL ARTISTA.

Dudas ortográficas

En un restaurante, antes de comenzar el trabajo diario, confeccionan la lista con el cubierto. Uno de los platos es huevo con tomate y el jefe de los camareros pregunta:

–¿Huevo cómo se pone? ¿Con hache o sin ella?

–Con hache –contesta el dueño.

–Pero, ¿se pone al final o al principio?

–Al principio.

–¡Imposible...! –dice un camarero.

–¿Por qué?

–Porque de principio tenemos aceitunas y ensaladilla rusa.

* * *

Apellido distinto

El empleado de una firma de transportes está siempre en su oficina en contacto con empleados de otras firmas, siempre los mismos. Entre ellos se encuentra una joven muy antipática.

Por ello, se alegra mucho cuando al telefonear le dicen que le van a poner en contacto con una empleada de apellido distinto. Apenas le dan línea, dice:

–¡Esta sí que es buena noticia! La muchacha que estaba antes en su puesto era una verdadera perra rabiosa...

Se produce un breve silencio; luego una voz ácida responde:

–¡Oiga, mala bestia...! Sigo siendo la misma perra rabiosa... ¡Pero el bastardo con quien me acostaba ha decidido casarse conmigo! ¿Comprende ahora por qué del cambio de apellido?

Una mañana de frío intenso, un individuo entró en el restaurante y dejó la puerta abierta. Un parroquiano, que estaba sentado cerca, le gritó enfurecido:

—¡Animal! ¡Bestia! ¿Por qué no cierra?

El recién llegado, al oír al otro, se puso a llorar desconsoladamente. El cliente, iracundo, se levantó entonces y fue hacia él para presentarle sus disculpas.

—Hombre, no se lo tome tan a pecho... No es para tanto... Vamos, deje ya de llorar... No quise ofenderle, ¡palabra!

—No, si no me ofendió... Es que yo me crié en el campo, ¿sabe? Y cada vez que oigo rebuznar a un burro me entra nostalgia.

* * *

- Estoy harta de mi novio siempre me está diciendo que quiere casarse conmigo...

- ¿Pero qué se cree usted? ¿Que voy a dar mi nombre y dirección al primero que me la pide?

SIN COMENTARIOS

141

Por culpa del acento

Varios cesantes refieren los motivos por los que han perdido sus destinos. Uno de ellos dice:

—A mí me despidieron por culpa del acento.

—¿Cómo del acento? —preguntaron los demás.

—Sí, veréis. Era yo escribiente en un Gobierno Civil de provincias cuando murió la esposa del gobernador, el cual me encargó que contestara las cartas de pésame que, en gran cantidad, recibía. Para ello me dio un modelo que, entre otras cosas, decía: «La pérdida de mi esposa me tiene desesperado».

—¿Y qué pasó? —se impacienta uno.

—Pues que yo, por acabar antes, lo hice deprisa, y me olvidé del acento, de suerte que puse en las cartas: «La perdida de mi esposa me tiene desesperádo». Y esta distracción me costó el destino.

* * *

Buen cartero

Un cartero, a quien le costaba mucho trabajo levantarse de la cama por las mañanas, fue a consultar con su médico para hablarle del caso. El doctor le dio una píldora para probar.

Tras un profundo sueño, el cartero se levantó para ir a la oficina. Tenía tiempo. Se vistió tranquilamente, se desayunó con calma y llegó a su trabajo un poco antes de la hora de entrada.

—Esta mañana he llegado pronto —dice al inspector.

—Hoy, sí —replica éste—. Pero ¿dónde estuvo usted ayer?

* * *

- CRUNCH, CRACK, CHOMP, ÑAM. ÑAM, ÑAM...

- HACE MUCHO VIENTO Y PARECE QUE ME EMPUJE...

Inocente

Un empleado, muy tímido, no aparece en su oficina una mañana. Al día siguiente vuelve y le da al jefe una nota escrita por su esposa, en la que dice:

«Señor director: Mi marido faltó ayer al trabajo porque yo tuve un bebé; pero le juro que él no ha tenido la culpa».

* * *

Malas pruebas

Un aprendiz de imprenta lleva las pruebas a un cliente. Al regresar, le pregunta el dueño:

—¿Qué tal le han parecido las pruebas?

—Me parece que muy mal —responde el aprendiz—, porque me ha dicho que las puede tirar.

* * *

Valor internacional

Dos amigos conversan en el bar; uno de ellos dice:

—Yo viajaría, pero no conozco más idioma que el mío.

—Para viajar —replica el otro—, con una sola palabra basta.

—¿Cuál?

—¡Dinero...!

* * *

- TE TOCA A TI QUERIDO... ¡AH! SE
ME OLVIDABA DECIRTE QUE HOY
VIENE MAMÁ A COMER CON NOSO-
TROS.

- A ÉL LE GUSTA MUCHO ENSEÑAR
SU COLECCIÓN DE PIEDRAS.

- ¿QUÉ ES... UN NIÑO?

- SÍ, ES MI HIJO, QUE TRABAJÓ AQUÍ Y AL
QUE DESPIDIERON POR "FALTA DE INICIA-
TIVA". AHORA QUIERE DEPOSITAR DOS MI-
LLONES EN ORO...

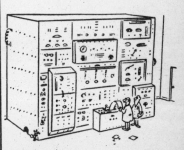

- ¡ES CURIOSO: PIDE QUESO!

145

¡Vaya patrón!

Dos individuos conversan de cosas del trabajo.

–Tiene usted razón –dice uno de ellos–; su patrón es un cretino si le prohíbe que fume mientras trabaja. ¿En qué trabaja usted?

A lo que el otro responde:

–Preparo pólvora para cartuchos.

* * *

El cuento de la tía

La doncella se presenta a la señora con un cuento que casi siempre produce excelentes resultados.

–Señora –le dice–, quisiera que me diese usted permiso esta noche. Quizá no pueda volver hasta mañana.

–¿Ocurre alguna novedad? –le pregunta el ama con sorna.

–Figúrese usted. Mi pobre tía que está peor.

–Con que tu tía, ¿eh? ¿Y en qué regimiento sirve la buena señora?

* * *

En la consulta del médico

–Espero que me indique usted, doctor, un tratamiento eficaz –dice el paciente.

–¿Qué enfermedad padece? –pregunta el médico.

–No sé; tan pronto me pongo a trabajar, me canso.

* * *

–¡Oh, Enrique! Quisiera que este momento durara una eternidad.

– ¡JORGE! ¡CUÁNTAS VECES TENDRÉ QUE DECIRTE QUE QUITES LOS PIES DE LA MESITA! ¡JORGE! ¡CUÁNTAS VECES...

● ● ●

SE NECESITA DEPENDIENTA AGRACIADA

En la oficina

—Oiga, Gutiérrez —pregunta el jefe—, ¿cómo se prepara para salir si todavía no es la una?

—Sí es la una, señor —responde el empleado—. Acabo de oirla tocar doce veces seguidas en el reloj de la iglesia.

* * *

El rábano por...

Una señora sorprende a la criada bebiendo en una botella de aguardiente.

—¡Esto sí que no me gusta! —le dice, muy enfadada.

—¡Pues no sabe lo que es bueno! —contesta la sirvienta relamiéndose.

* * *

Buen debut

El director de un periódico da instrucciones a un redactor que acaba de ingresar en la empresa.

—¿Con que usted prefiere dedicarse al reporterismo? —pregunta.

—Sí, señor —responde el novato.

—¿Y conoce usted bien todas las prácticas periodísticas?

—Perfectamente. Ya he pedido un anticipo en la Administración.

* * *

- ME HE RETRASADO UN POCO PORQUE TUVE QUE ACOMPAÑAR A UN POBRE ANCIANO, QUE HACÍA AUTO-STOP...

- NO SE PUEDE NEGAR QUE ESE TIPO ES CAPAZ DE CUALQUIER COSA...

Un consejo

El jefe entra en la oficina y se encuentra parados y conversando a todos los empleados. Con mucha sorna les dice:

—Bueno, señores, ¿no les parece que ahora podían descansar un ratito, trabajando?

* * *

Erratas

Un médico madrileño de cuya ciencia no se hacían, por cierto, grandes elogios, criticaba al doctor Mata la meticulosidad con que corregía las pruebas de sus trabajos.

—Es verdad —comenta el médico poeta—. Yo corrijo mis erratas. Pero las tuyas no hay quien las corrija. Están en las lápidas de las sepulturas.

* * *

Luna de miel

Un joven empleado entra en el despacho del jefe de Personal y pide tímidamente:

—Solicito ocho días de permiso.

—¿Qué tiene que hacer? —replica el temible jefe.

A lo que responde farfullando el empleado:

—Bueno... verá usted... ¡Es que yo me caso mañana y me gustaría mucho acompañar a mi mujer en su viaje de novios...!

* * *

- ¿ES EL JEFE? ¡HE SUFRIDO UN ESCAPE!

PROHIBIDO FUMAR.

Sin palabras.

NO OLVIDES, QUERIDO, QUE ESTÁS EN CONTRA DE CUALQUIER FORMÁ DE VIOLENCIA!

Un radiólogo examina al paciente a través de la pantalla y murmura:

—La imagen es clarísima. No tiene nada en los pulmones, ni en los bronquios, ni en el corazón... ni en la cartera.

Y luego no queriendo ver más exclama:

—¡Ya está usted curado!

* * *

Entre campesinos:

—¿De modo que tu mujer hace un año que está en cama?... ¡No sé cómo puedes soportar que esté tanto tiempo sin hacer nada!

—Bueno, para ocuparla en algo le ponemos huevos de oca y ella los va incubando...

* * *

—Toma precauciones, amigo. Ayer mi esposa estrenó un abrigo de pieles y hoy va a tomar el té en casa de tu esposa.

* * *

La curiosidad

Una señora había regañado a la sirviente porque escuchaba detrás de las puertas. Al día siguiente llaman a la puerta y dice la criada:

—¡Señorita, que llaman!

—¿Y por qué no va usted a ver quién es?

—¡Vaya usted, señora! ¡Yo no soy curiosa...!

* * *

Mozo tranquilo

Un mozo de labranza se acostó debajo de un árbol muy frondoso. Al verle su amo le gritó:

—¡Ah, granuja! ¿No te da vergüenza holgazanear de este modo, cuando está trabajando todo el mundo? ¡Eres indigno de la luz del sol...!

—Pues por eso me acosté a la sombra —respondió el mozo.

* * *

El trípode

Al difunto y famoso Andrés Carnegie, «rey del acero» y fundador de las innumerables bibliotecas que llevan su nombre, le preguntaron una vez:

—¿Cuál es el factor más importante de la industria: el trabajo, el capital o el cerebro?

A lo que respondió el sagaz millonario:

—¿Cuál es el pie más importante en un trípode?

* * *

¡Oh, no! Pablito no me molesta en absoluto.

- No necesita ningún resguardo para su sombrero, señor. ¡Lo recordaré muy bien!

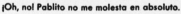

- ¿Ah pero no lo sabías? Ahora estoy investigando sobre la vida de los flamencos.

A TASQUÍJO DEL CARRASCAL (SI NO SABE LEER SIGA LA FLECHA)

SIN COMENTARIOS

En el tren

El revisor del tren viene recogiendo billetes. Debajo del asiento descubre un polizón.

–Por favor –dice éste–. Déjeme ir. Voy a la boda de mi hija. ¡Tenga compasión! ¡Comprenda! Mi hija se casa mañana...

Enternecido el interventor lo dejó. Pero justamente entonces descubrió otro polizón bajo el mismo asiento.

–¿Y usted? –le preguntó muy serio.

–Yo soy el novio –contestó.

* * *

Parecía tonto

En el pueblo había un tonto –como suele haber en muchos, y felices aquellos en los que no hay más que uno– que era objeto de burlas diversas. Una de ellas consistía a ponerle a elegir entre una moneda de níquel de gran tamaño y escaso valor y otra de plata mucho más pequeña, pero mucho más valiosa.

La diversión consistía en que el pobre tonto siempre escogía la moneda grande de níquel.

En cierta ocasión, un forastero, compadecido, trató de explicarle al tonto que la moneda más pequeña era la que debía escoger, porque tenía más valor.

–¡Ya lo sé...! –replicó el tonto–; pero en cuanto la escoja una vez, ya no volvemos a jugar y me obligarán a trabajar...

* * *

- SOY NUEVO AQUÍ, ¿SE DA PROPINA?

- AL INSERTAR SU OFERTA DE EMPLEO, TUVE LA IDEA DE PONER AL MISMO TIEMPO UNA OFERTA DE MATRIMONIO...

- MARÍA... ACABAN DE LLEGAR LOS RODRÍGUEZ...

SIN PALABRAS

155

Delicadeza

Un atracador penetra en una joyería y encañonando al joyero con una pistola le pide que le enseñe algunas pulseras.

El dueño –¿qué remedio?–, cumpliendo con su trabajo se apresura a servir al «cliente» y le pone delante una serie de pulseras valiosísimas, en oro, platino y brillantes. El ladrón las examina y exclama:

–¿No tiene otras más modestas?

–¡Ya lo creo!

–Pues guarde ésas. Quiero una pulsera para mi mujer y deseo que pueda creer que la he comprado con el fruto de mi trabajo.

* * *

¡Trágame tierra!

El señor marqués, que es sordo como una tapia, llega a su casa. Uno de los criados sale a recibirlo y, mientras le ayuda a quitarse el gabán, va rezongando:

–¿De dónde vendrá este viejo idiota? ¡No será de trabajar...!

Entonces el marqués se vuelve rápido y le saca de dudas:

–Vengo –dice– de ver a un médico que acaba de curarme la sordera...

* * *

Y de lo otro ¿qué?

Un padre dice a un joven soltero:

–Mi hija es muy trabajadora y de muy buenas pren-

– NO TE MOLESTES EN BUSCAR TU CORBATA DE LUNARES, PAPI; ME HICE UN TRAJE DE BAÑO CON ELLA...

SEGURO QUE USTED ES LA SEÑORA SMITH. DESPUES DE LA DESCRIPCION QUE ME DIO SU MARIDO, ESTOY SEGURO DE QUE NO ME EQUIVOCO.

das. Dibuja admirablemente, toca el piano, juega al tenis, monta a caballo...

–Bien, bien, lo creo, señor –replica el joven–. Si yo supiera administrar una casa, cocinar y remendar la ropa, me casaba con ella.

* * *

Madrugador

Un individuo muy vago y poco dado a madrugar, se encuentra con un amigo en la calle a las siete de la mañana.

–¡Caramba, Antonio ! ¿Cómo a estas horas por la calle? –le pregunta.

–Una tragedia, chico –responde el otro–. Esta madrugada llegué a casa a las cinco y sin meter ruido empecé a desnudarme para que mi mujer no se diera cuenta. Pero no me había quitado la americana, cuando se despertó. Al verme casi vestido me preguntó:

–¿Qué haces?

–Nada –contesté–. Tengo que madrugar hoy... Y aquí me tienes desde las cinco de la mañana dando vueltas... y muerto de sueño.

* * *

Orgullo

El empleado, obsequioso, dice al gerente de la empresa:

–Parece que hoy vamos a tener buen tiempo, señor...

A lo que el gerente replica con acento severo:

–¿«Vamos» a tener? ¿Y desde cuándo es usted socio de esta casa?

158

- ¡ESTÁ BIEN, ESTÁ BIEN! ¿CUÁN-TO LE DEBO?

- ES UNA LLAMADA ESPECIAL PARA ATRAER A CIERTOS PÁJAROS.

¿QUÉ TIENE TÍA GINA QUE NO TENGA YO... SI LAS DOS ESTAMOS HECHAS DE LO MISMO...?

- CADA VEZ QUE HEMOS DE DAR UN PASEO POR LOS "ARBOLITOS" NOS HEMOS DE VESTIR ASÍ. ¡YA ESTOY HARTO!

Un pequeño placer

Un señor explica a su mujer que le amenaza con un revólver después de entrar en la habitación donde él juguetea y hace el amor con una rubia totalmente desnuda:

—¡Escucha, querida! Sucesivamente tú me has hecho abandonar el alcohol, el tabaco y el juego... ¿Por qué no me dejas ahora disfrutar de este pequeño placer...?

* * *

Un alto en el camino

El honorable miembro de una docta corporación está en el uso de la palabra desde hace dos horas. Y no lleva trazas de terminar. Uno de los que se hallan a su lado le dice en voz baja, pero que se oye en toda la sala:

—Descanse usted en su trabajo...

—No; no estoy cansado —contesta el infatigable orador...

—¡Pero nosotros sí...! —dice una voz en el fondo de la sala.

* * *

La mosca perdida

En el restaurante, un señor llama, enfadado, a un empleado:

—¡Camarero: hay una mosca en la sopa! —le dice.

—¡Al fin apareció! —exclama el mozo—. Era la única que había en la cocina y todos los trabajadores la estamos buscando hace media hora...

* * *

- ...¡y no me interrumpas a cada instante preguntando si he terminado!

El prestamista Jacob entra en la sastrería y se encara con el dueño:

—Me han asegurado que mi hijo Samuel le debe todavía el traje que le hizo usted hace dos años. ¿Es cierto eso?

—Sí, señor... Muy cierto. ¿Viene a pagarme la factura?

—No. Vengo para que me haga un abrigo en las mismas condiciones.

* * *

El duque de Angulema preguntó cierto día al señor de Chevreuse:

—¿Cuánto paga usted a su secretario?

—Cien escudos.

—¡Bah! Eso no es nada. El mío tenía un sueldo de doscientas, y sin embargo se ha despedido.

—¡No es posible!

—Pues lo es. Claro que... no se los he dado nunca.

* * *

- ¡Es que si te sientas a mi lado me estropeas el vestido!

¡HAY HABITANTES EN LA LUNA...!
¡HAY HABITANTES EN LA LUNA!...

Consecuencia

Un obrero se presenta en la Comisaría a denunciar un robo.

—¿Y dice usted que le han robado la cartera con la documentación? —le pregunta el comisario.

—Sí, señor —responde el trabajador.

—Pues se buscará su cartera; pero, de momento, le detengo a usted.

—¿A mí? ¿Por qué?

—Por indocumentado.

* * *

Un viejo astuto

Un periodista muy trabajador, deseoso de hacer un reportaje interesante, interroga a un anciano casi centenario. Después de varias preguntas sobre distintos aspectos, le dice:

—¿A qué atribuye usted haber podido vivir tantos años?

—A los agentes de la Policía Montada —responde el viejo sin vacilar.

—¿Cómo?

—Porque no han conseguido nunca descubrir al asesino de un tal Jack Dawey...

* * *

Porcentajes

Durante una huelga en..... Francia, el jefe de una empresa recibe a su secretario, que le da cuenta de la situación:

- Y a propósito ¿por qué estás aquí?

- ¡Tantas familiaridades me molestan, vecino!

163

–Han faltado al trabajo –le dice– el 85 por 100 de nuestros obreros.

El jefe reflexiona y exclama:

–Usted me está tomando el pelo. ¿Cómo van a faltar al trabajo el 85 por 100 de nuestros obreros, si no tenemos en total más de 64?

* * *

El pastor estudiante

Se examina un joven muy tímido, que en su infancia había sido pastor de ovejas. Cansado el presidente de rogarle que hablase más alto, acabó por decirle:

–Cuando era pastor bien levantaría usted la voz para hacerse oír de su rebaño, ¿verdad?

–Sí, señor –respondió el apocado estudiante–; pero es que entonces los animales estaban lejos de mí.

* * *

Consejo oportuno

Cierto trabajador buenazo hasta la exageración, tiene una esposa enérgica y decidida que lo maneja con facilidad.

El hombre está a punto de verse postergado en una combinación de cargos en su oficina y su esposa le dice:

–¡No puedes consentir eso de ninguna manera!

–¿Y qué puedo hacer? –pregunta el marido.

–Pues les adviertes con toda claridad que tú no eres hombre que te dejes manejar fácilmente.

* * *

SIN PALABREJAS...

- ¡SORPRESA! ¡SORPRESA! HA VENI-
DO A VERTE MI MADRE...

¿DESDE CUÁNDO TE PARECE NECE-
SARIO PONERTE EL SMOKING PARA
BAJAR A PASEAR AL PERRO?

Coincidencia

Un viejo solterón riñe con su ama de gobierno, que es muy respondona.

—Resumiendo —dice él, muy furioso—, a usted no le toca más que trabajar y hacer lo que yo mando. Yo estoy en mi casa...

—¿Y qué? —responde tranquilamente la mujer—. ¿Acaso no estoy yo también en su casa de usted?

* * *

Cambio

En el restaurante dice un cliente al mozo de turno:

—¡Camarero! ¡He cambiado de idea! Hágame de la costilla que antes le pedí un bistec, ¿quiere?

—Perdone, señor; pero soy camarero y no prestidigitador...

* * *

En busca de empleo

Un hombre esmirriado y pequeñito solicita un empleo para el que piden hombres forzudos. Tiene dos contrincantes, y para probarlos se les entrega una barra de hierro.

—El que la doble con más facilidad —se les dijo— ganará el empleo.

Los dos auténticos forzudos doblaron la barra, no sin sudar copiosamente. Y le llegó el turno al hombre pequeñito. Ante la curiosidad general, elevó una rodilla con el claro propósito de golpear la barra contra el muslo.

El aire de confianza con que se movía intrigaba a los

166

- ¡Mira que ocurrirme esto a mi edad!

- IMPOSIBLE, SU COMPLEJO DE PO-
BRE NO SE LO PUEDO CURAR YO...

...y el peor fue ese león, que le hizo pasar el mayor sofoco de su vida.

espectadores. De pronto alzó la barra con las dos manos y la hizo descender fuertemente contra la pierna. Sonó un golpe sordo.

—¡Ya está! —comentó el hombrecillo sonriendo.

—¿Ya está qué? —preguntó el encargado de la prueba, que ve la barra perfectamente derecha.

—La pierna. ¡Ya está la pierna rota...!

* * *

Ocio barato

Una mujer dice a su marido:

—Tengo un gran deseo de pasar el verano en el mar. ¿Crees que costará mucho?

A lo que replica su esposo:

—No, querida; un deseo no cuesta nada...

* * *

Buena superstición

Una joven empleada desea comprar un automóvil que le sirva para ir al trabajo y a la vez hacer viajes de placer. Con este fin visita el Salón del Automóvil.

El representante de una de las marcas invita a la muchacha a entrar en uno de los modelos expuestos, para comprobar su confort. El aprovecha la ocasión para hacer el amor con ella en el interior del vehículo. Al terminar le pregunta:

—¿Está usted convencida ya de la calidad de nuestra suspensión?

* * *

- ESTE GREGORIO SIEMPRE HA SIDO MUY DADO A LOS EXTREMOS...

-Perdóneme, me equivoqué de número... ¿alguna novedad?

- TE LO ASEGURO; POR NADA DEL MUNDO ME PEINARÍA A LO "BEATLE" NO SABES LO ANTIESTÉTICO QUE ES...

Aclaración

En una avenida cercana a una fábrica un obrero que sale del trabajo es arrollado por un automóvil, aunque afortunadamente sin consecuencias. El hombre se levanta iracundo y exclama:

—¿No podía tocar la bocina, imbécil?

El conductor del coche, que se ha detenido, responde con calma:

—En primer lugar no soy un imbécil. Además, se perfectamente tocar la bocina; lo que ocurre es que no se conducir. ¿Entendido?

* * *

Políglota

En una empresa ponen un anuncio solicitando un empleado que sepa idiomas. Se presenta un aspirante, y al preguntarle, dice:

—Hablo castellano, catalán, inglés, francés, alemán, italiano, ruso, japonés...

¡Caramba! —exclama asombrado el jefe de Personal de la Empresa—. Habla usted muchas lenguas...

—Sí —le interrumpe el políglota—; pero hay una lengua que no puedo dominar.

—¿Cuál?

—La de mi mujer.

* * *

Dote

Dos mendigos dialogan en una esquina.

—¿Es verdad que se casa tu hija? —pregunta uno.

- ¡BIEN, EXCEPTO QUE MR. PERRÓTEZ TIENE ALGO QUE LO DIFERENCIA DE LOS CHICOS JÓVENES, ES VIEJO!

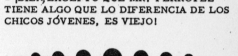

- ¿ DE VERDAD SE HAN MARCHADO TUS PADRES SIN APARENTAR DARLE EXCE- SIVA IMPORTANCIA A ESTA CITA, JULIA?

171

—Sí —responde el otro.

—¿Y qué dote piensas darle?

—Dos puertas de una iglesia nueva en la que aún no se ha mendigado. Allí podrá trabajar a gusto y ganarse bien la vida.

* * *

Sorpresa

Una religiosa, buscando distraer su ocio, entra en un cine. En la pantalla, pasan una película erótica. La heroína está desnuda en la cama. Un hombre la besa en la boca, en el cuello... en los senos... y desciende, desciende, y sale del campo de visión, mientras la cara de la joven, giraba hacia atrás, muestra un sentimiento de felicidad.

Entonces, la buena monja, exclama sorprendida:

—Pero... ¿por dónde ha pasado ese buen hombre?

* * *

Chico listo

Un padre amonesta a su hijo, muchacho de unos diez años, que manifiesta un decidido horror a trabajar.

—El trabajo es lo que dignifica y eleva al hombre —le dice—. Ahora tienes que trabajar para aprender, y después tendrás que trabajar para vivir.

El chico calla y el padre insiste:

—Todo el mundo se gana la vida trabajando. No les queda otro remedio a todos los hombres que viven sobre la tierra. ¿Tú qué piensas ser cuando seas mayor?

—Marino —responde con firmeza el muchacho.

* * *

- ¿ESTÁS SEGURO DE QUE SÓLO PUSISTE DOS RECLAMOS?

- POR FAVOR, QUERIDA, ¿DE DÓNDE QUIERES QUE YO SAQUE UN COLLAR DE DIAMANTES PARA TU ANIVERSARIO?

- ÉSTOS SON LOS TROFEOS DE CAZA DE MI HIJA...

- OYE, MI HERMANA NO ESTÁ, PERO SI QUIERES PUEDES ACOMPAÑARME A MÍ AL CINE...

La fe

Cumpliendo su programa de trabajo, una maestra sale al campo con sus alumnas y, en uno de los momentos, trata de explicarles lo que significa la «fe», de forma más comprensible.

En aquel momento acierta a pasar por allí un carro. Aprovechando la oportunidad dice a sus discípulas:

—Si yo os dijera que dentro de ese carro hay un jamón serrano, ¿lo creeríais?

—Sí, señorita —responden las colegialas.

Al día siguiente, para probar si recuerdan la lección, pregunta:

—Decidme: ¿Qué es la fe?

—Un jamón serrano en un carro —contestan a una todas las chicas de la clase.

* * *

Regla de tres

El jefe de un batallón que va de camino con sus hombres se encuentra con un baturro que está trabajando en sus tierras y le pregunta:

—Diga, amigo: ¿falta mucho para llegar a Zaragoza?

—¡Ca, no, señor...! Un hombre solo tardaría una hora; pero ustedes como son muchos, en dos minutos se plantan allí... —responde el baturro.

* * *

¡Hasta pronto!

Una mujer sube a un autobús y se despide de un com-

174

- NO LE DES IMPORTANCIA. POR LO VISTO A MI ESPOSA TAMBIÉN LE HACE GRACIA ESA RARA MANÍA TUYA DE QUE ERES BAJITO DE ESTATURA, LUIS...

- No es más que un pequeño departamento de soltero. Encontrarás algo de desorden.

- Y éste lo pinté en un momento de desesperación.

pañero que desde la empresa donde trabajan juntos la ha acompañado hasta la parada.

–¡Hasta pronto, querido amigo! –le dice.

En este momento se le acerca el cobrador y replica:

–¡Hasta más pronto de lo que usted piensa, señora, porque el autobús está completo y es preciso que se apee...!

* * *

Entre andaluces

Dos obreros sevillanos se encuentran en el bar y empiezan a hablar sobre la velocidad de los automóviles modernos.

–Yo tengo un amigo –dice uno de ellos– que sale de casa a las cuatro y a las seis ya está en Barcelona.

–Pues yo tuve un amigo –contesta el otro– que un día marchó de casa a las dos, y cinco minutos después estaba en el otro mundo...

* * *

Generosidad

El jefe de la oficina le dice al empleado que le ha pedido permiso para asistir, en la tarde del jueves, al entierro de su suegra:

–Yo no vendré al despacho, porque voy a ver el partido internacional de fútbol. Pero le doy permiso para que asista al entierro de su madre política.

–Muchas gracias, señor –replica el empleado–. En correspondencia a su generosidad, si llueve, no iré al entierro.

Romualdo estaba con sus amigos en la barra de un bar explicándoles sus conquistas. De pronto entró en el local una rubia despampanante. Inmediatamente el conquistador Romualdo entraba ya en funciones y trataba de camelar a la rubia. Aún no habían transcurrido diez minutos cuando los dos salían del bar muy amartelados y cogidos del brazo. Los amigos de Romualdo estaban todavía comentando su suerte cuando la rubia volvió a entrar. Y, dirigiéndose a ellos, dijo:

—Si alguno desea acompañarme, que venga... A condición de que sea soltero o que si es casado como su amigo, no esté su mujer esperándole.

* * *

—¿ DONDE TIENES LOS OJOS ?

- ¿ES QUE NO PUEDES SONREIR ?

- ¡Tú no sabes lo que aprecio yo la cocina casera, después de comer tanto tiempo en los restaurantes!

- ESCUCHA EL RUIDO QUE ARMAN LOS VECINOS DE LA HABITACION CONTIGUA. ESTAS PAREDES DEBEN SER DE PAPEL.

Cosas de psiquiatras

El joven psiquiatra regresa a su casa después de un día de duro trabajo. Se siente cansado, deprimido, nervioso... En el camino se tropieza con un colega que, a pesar de llevar más de treinta años en la profesión, se le ve lozano y lleno de energía. Asombrado, le pregunta:

—¿Cómo le va, doctor?

—Bien, muy bien —responde éste.

—¿Mucho trabajo?

—¡Uf...! Hoy ha sido terrible.

—¿Y se siente usted bien, tranquilo y descansado?

—Hasta ahora, sí. ¿Por qué?

—Porque es realmente asombroso después de tantos años escuchando, día a día, pacientes y más pacientes...

—¿Escuchar? Yo no los escucho, amigo mío...

* * *

Vago pero observador

La maestra no sabe qué hacer con Paquito, que es un vago y un ignorante. No sabe lo más sencillo que se le pregunta.

Al presentarse una inspección, la maestra no quiere aparecer responsable de aquel desastre de niño, y lo llamá para hacerle algunas preguntas facilísimas, con objeto de que el inspector se percate del caso.

—Vamos a ver, Paquito —le dice—. Mírame bien. ¿Qué tengo debajo de los ojos?

—La nariz, señora maestra —responde el chico.

—¿Y debajo de la nariz?

—El bigote, señora maestra...

* * *

— COMO LA ESCALERA NO LLEGA A TU VENTANA, TENDRÉ QUE RAPTAR A JANE.

— Sin palabras

El divorcio

El director de periódico se halla trabajando en su despacho, cuando recibe la visita de un suscriptor.

—Señor —le dice éste—, vengo a formular una reclamación.

—Dígame, le escucho —contesta el director.

—Verá, usted. Mi mujer tenía hechas las maletas para regresar a casa de su madre, cuando ha leído el artículo sobre el divorcio, que publica su periódico. Y ahora ya no quiere marcharse... Por lo tanto, le ruego que anule mi suscripción...

* * *

Ambas cosas

Dos obreros se encuentran después de algún tiempo de no verse. Uno de ellos pregunta:

—¿Al fin te casaste con Luisa, o todavía tienes que levantarte para hacerte el desayuno?

A lo que contesta el otro con un leve suspiro:

—¡Las dos cosas, amigo, las dos!

* * *

Un jefe apasionado

Dos jóvenes empleadas, se hacen confidencias al salir del trabajo. Una de ellas dice:

—¿Sabes? ¡El jefe de personal es un tipo asqueroso! ¡La semana pasada al ir a hacer una reclamación, me saltó encima como una bestia salvaje, me tiró por el suelo y me rasgó la ropa...!

—¿Qúe me dices? —replica sorprendida la otra.

- ¡Deje de pensar lo que estará ocurriendo fuera! ¡Sólo lleva 57 minutos de trabajo extra!

● ● ● ● ● ●

- Y NO PIENSE QUE VA A INFLUIR EN MÍ CON SU ESPLENDIDA CABELLERA, SUS OJOS VIVOS, SUS LABIOS PROVOCATIVOS... SU SONRISA SEDUCTORA...

AGENCIA DE VARIEDADES

- No está mal... pero está leyendo Mozart y toca Beethoven

–¡La verdad! Y eso no es todo: se abalanzó sobre mí. ¡Me arrancó el sujetador y la braga! ¡Estaba desenfrenado! ¡Yo no pude hacer nada...!

–Haces bien en decírmelo –contesta su compañera–. Porque yo debo ir mañana a hablar con él, y me pondré ropas viejas...

* * *

Estación inutilizada

Durante unas maniobras militares un grupo es enviado para realizar el supuesto trabajo de inutilizar para el servicio una próxima estación del ferrocarril que se supone en manos del enemigo.

A poco vuelven los muchachos diciendo:

–Ya está inutilizada la estación.

–¿Qué habéis hecho? –pregunta el oficial.

–Nos hemos apoderado de todos los billetes que había en la taquilla, de modo que ya nadie puede tomar allí el tren...

* * *

La gloria

Un escritor, después de incontables trabajos, logra «colocar» una novelita corta bastante insípida en un semanario de tercera categoría.

–¡Ahora sí que ya estoy a punto de convertirme en un gran escritor! –le dice a su mujer–. Me han publicado, como ya sabes mi novela. Además, ayer me llamó el director-gerente de la Editorial X...

–¿Es posible, querido? ¿Qué te dijo?

–Pues verás: lo primero que hizo fue preguntarme

- DEJA DE DECIR "SÍ, SÍ" A CADA MOMENTO, CUANDO TE ESTOY HABLANDO DE LOS HOMBRES...

- ¡OH, JAMÁS TE HUBIESE RECONOCIDO, MARÍA PÉREZ! DE NUESTROS DÍAS DE COLEGIO, TE RECORDABA COMO A UNA CHICA NARIGUDA, PECOSA, PATIZAMBA...

- ¡POR FAVOR, VÍCTOR, DEJA DE GRUÑIR, SÉ MONTAR UN FUSIL TAN BIEN COMO TÚ!

quién estaba al aparato. Y cuando le di mi nombre respondió muy amable: «Perdone...: me he equivocado de número».

* * *

En la peluquería

El cliente dice al barbero:
—Aféiteme, haga el favor. Pero al mismo tiempo quiero hacerle observar que ya sé que hace buen tiempo, que no voy a los toros, que me importa un pimiento qué equipo va a ganar la Liga y que ya sé que mis cabellos son, cada vez, más escasos. Ya puede afeitarme.
—De acuerdo —responde el barbero—. Pero, si es posible, le ruego que no hable tanto. Me impide trabajar...

* * *

Advertencia

En una población, un individuo denuncia ante la Policía de que ha sido atracado dos veces la misma noche por el mismo ladrón. Sale de la Comisaría, y éste le advierte:
—Señor, estoy trabajando. Y si no se marcha a su casa, lo atracaré por tercera vez.

* * *

Un enfermo gravísimo

Un reputado facultativo es llamado para visitar a un hombre muy rico que está gravemente enfermo. Le reciben tres sobrinos del paciente, presuntos herederos de su

Enrique IV de Francia se paseaba por los corredores del Louvre cuando vio a un sujeto a quien no había encontrado nunca hasta entonces entre el personal de palacio y creyendo que sería el criado de alguno de sus cortesanos, le preguntó:

–¿A quién sirves?

El individuo, sin pensar que era el rey quien le hablaba pues no lo conocía, respondió en tono jactancioso:

–Yo sólo me sirvo a mi mismo.

–Pues a fe mía –repuso el monarca– que tienes un amo muy estúpido.

* * *

Un individuo se sorprende al encontrar a su amigo Jacob vestido con un traje de cincuenta y dos colores distintos. Extañado, le pregunta:

–¿Cómo es posible que te hayas hecho un traje de tantos colorines?

–Muy fácil. Fui a ver a cincuenta y dos sastres y a cada uno de ellos le pedí una muestrecita...

* * *

- ¡LOS CASTIGOS SON TODAVÍA MÁS DUROS ESTA TEMPORADA!

- YO HABÍA PENSADO QUE TENDRÍAN EN LA TIENDA A ALGUIEN ENCARGADO DE COBRAR LA MERCAÍA...

gran fortuna, que le hacen pasar a la alcoba para que lo reconozca.

Después de un detenido examen del enfermo, vuelve el doctor al salón donde le aguardan impacientes los tres sobrinos. Uno de ellos se adelanta hacia el médico y le pregunta, con supremo afán:

–Díganos, doctor: ¿Hay alguna esperanza?

–Absolutamente ninguna... –responde el galeno–. ¡Lo voy a salvar...!

* * *

El oso

En una de sus frecuentes excursiones en los días de asueto un individuo ve en plena montaña a un aldeano luchando cuerpo a cuerpo con un oso feroz. Y cerca de ambos está la mujer del aldeano con una escopeta cargada en las manos. Dramáticamente, el excursionista le grita:

–¡Señora! ¿Qué hace que no mata a esa bestia de un balazo?

A lo que la mujer le responde sonriente:

–No lo hago porque espero que el oso me evite la molestia.

* * *

Caso extraño

El jefe de la empresa llama a su depacho a uno de sus empleados y le dice:

–En este año, sólo tres veces me ha pedido usted aumento de sueldo. ¿No es verdad?

–Sí, señor –contesta el trabajador.

- ME DA LA IMPRESIÓN QUE EL ÁRBITRO NO ES MUY IMPARCIAL...

- ¡QUÉ SUERTE, OLIK! ¡UN TRÉBOL DE CUATRO HOJAS!

-ERA TU SECRETARIA, QUERÍA ASEGURARSE DE QUE ESTA NOCHE TE QUEDABAS EN CASA.

- ¡Bah! Estoy seguro de que el enemigo no es tan alto como dicen...

—Entonces, ¿quiere usted decirme dónde trabaja fuera de la oficina?

* * *

Judío calculador

Samuel cae al río y la corriente lo arrastra.
—¡Socorro, socorro, que me ahogo! –grita.
Su mujer acude y le dice:
—Procura mantenerte a flote unos momentos mientras voy a nuestro taller a llamar a los obreros para que vengan a salvarte.
—¿Qué hora es? –pregunta Samuel.
—Las doce...
—Bueno, oye: no los llames ahora... Déjalos que trabajen hasta la una, y que vengan a salvarme a la hora de la comida...

* * *

Buen procedimiento

Una muchacha que está sirviendo en la ciudad va por primera vez a un banco a cobrar un cheque. Cuando acude a la ventanilla, porque la llaman para pagarle, el empleado le pregunta:
—¿Cómo quiere que le dé el dinero?
—Pues, yo alargo la mano y usted me lo pone en ella –responde la joven.

* * *

-Póngame lo mismo que a él, por favor.

- Nosotros no necesitamos diccionarios, mi mujer lo sabe todo...

- Perdón, señor... Podría devolvernos nuestra bola de nieve...

- Ellas quieren que tú seas su invitada de honor...

- Es el ascensor más rápido de la ciudad.

¡Vaya cartel...!

En el club existencialista ha aparecido este cartel:
«Si te levantas antes que tus compañeros de trabajo; si trabajas más y mejor que ellos y te quedas a trabajar después que haya sonado la hora de salir, no solamente dejarás más dinero que ellos a tus hijos cuando mueras, sino que se lo dejarás antes...»

* * *

Aparato útil

Un multimillonario, al cumplir los setenta y cinco, adquirió un aparato casi invisible para corregir su sordera. Dos semanas más tarde fue a dar las gracias al artesano que se lo había fabricado y vendido.

–Supongo –dijo éste– que su familia estará encantada.

–Nada de eso –contestó el millonario–. No se lo he dicho a nadie y me limito a escuchar sus conversaciones. ¡He modificado ya tres veces mi testamento...!

* * *

Buen ensayo

El fabricante señor González gozaba una bien merecida fama de trabajador, de hombre siempre humorado y de ideas originales. Siendo ya muy anciano, sin poder trabajar y sintiéndose enfermo de gravedad, pocos días antes de su muerte decidió salir a pasear en su coche. Al regreso, alguien le preguntó:

–¿Viene de tomar el aire?

A lo que el señor González repuso, sonriendo:

–¡Quizá! ¡Vengo de hacer en ensayo de mi entierro!

- ¡VAYA, NOS RETRASAMOS! HEMOS PERDIDO SU PELEA DE LAS ONCE.

- QUERIDA, TE PRESENTO A DOS DE MIS EMPLEADOS MÁS EXCELENTES Y A SUS COMPAÑERAS. OIGA, BENSON, ¿DÓNDE ESTÁ TEDY?

- ¡PENSÉ QUE ME HABIAS LLAMADO PARA IR AL CINE...!

SIN PALABRAS

Lo elegante

Mientras disfrutan sus vacaciones, la mujer dice al marido:

—A mí me dijo la de Crespo que lo elegante era hacer vida salvaje. ¿Qué te parece?

—Muy bien —responde el esposo—. Pues ya puedes escribir diciéndole que estamos haciendo el indio en este pueblo.

* * *

Los vicios

A un bohemio contumaz, perezoso y mal trabajador, le invita a comer un día cierto comerciante que se apiada de su aspecto famélico.

—Perdone usted que no acepte —le dice el bohemio.

—¿Por qué? —pregunta, extrañado, el comerciante.

—Por una razón muy sencilla: no quiero adquirir vicios que no pueda mantener...

* * *

Habilidad

Rodríguez, juerguista y trasnochador empedernido, entra en la Comisaría y pregunta al comisario:

—¿Podría ver un momento al ratero detenido anoche por robar en mi domicilio?

El inspector, titubea un instante, y luego dice:

—¿Y para qué quiere usted verle?

—Para preguntarle cómo se las arregló para entrar en casa sin despertar a mi señora...

- ¿VES QUERIDA CÓMO ES CIERTO QUE TENGO UN PALACIO PARA TI?

- PAPÁ, ¿POR QUÉ INSINÚAS ESO DE PASAR A VIVIR A UN CASTILLO?

Chico listo

Un muchacho se presenta en una oficina donde se solicita un chico para recados.

–Pero ¿no eres tú el que estuvo aquí la semana pasada para buscar empleo? –le pregunta el jefe de personal.

–Sí, señor.

–¿Y no te dije que necesitábamos un muchacho algo mayor?

–Sí, señor. Por eso he venido una semana después.

Quedó admitido.

* * *

La costumbre de apurar

Cuatro caballeros están sentados a la mesa de un café y para distraer su ocio juegan a las cartas. Uno de ellos pide un limón exprimido. Estruja el limón y no obtiene ni una gota más.

Entonces se levanta otro caballero de una mesa próxima, se acerca, pide permiso para coger el limón, lo aprieta y obtiene casi medio vaso de zumo.

–¡Espléndido! –exclaman, admirados, los jugadores–. Es usted un atleta.

–Nada de eso –dice, modesto, el otro–. Soy, simplemente, recaudador de impuestos...

* * *

Terrible conquistador

El marido, hombre muy celoso, sale del trabajo y al llegar a casa pregunta a su mujer.

–¿Ha venido alguien hoy?

- ¡POR FAVOR, PETRUSCA! YA SABES QUE SOY MUY TÍMIDO...

- LO HACEN BASTANTE BIEN, SI TENEMOS EN CUENTA QUE NINGUNO DE ELLOS TIENE UNA COLA APLASTADA.

- ¿QUE SALGAMOS MAÑANA OTRA VEZ? PERO, ¿AÚN LE QUEDA MÁS DINERO?

- ¡¡Atrevido!!...

–Sí, tu viejo colega Sancho que ahora es representante de comercio –responde la esposa.

–¡Oh, no te fíes de él! –exclama el marido receloso–. Tiene mala reputación. Estando a solas con una mujer cinco minutos solamente, es capaz de hacerla volver loca hasta el punto que ella se coge a su cuello y lo arrastra hasta la cama suplicando que la viole...

–¡Ah, me tranquilizas...! –replica la mujer–. Tenía miedo de ser la única que me ha hecho gozar así...

* * *

Crisis comercial

Un vendedor llega al despacho del jefe de compras de una empresa.

–Buenos días. Soy el representante de... –dice el comprador.

–Ya tenemos –le interrumpe el jefe de compras.

* * *

Buen porvenir

Penetra un joven en el laboratorio de investigaciones atómicas y solicita empleo. El gerente se lo concede, y después le pregunta:

–En caso de accidente, ¿a quién debo comunicar que no se preocupe por encontrarlo?

* * *

Remedio eficaz

La nueva criada amenaza acabar con toda la vajilla,

- ¿SE PUEDE SABER POR QUÉ RA-
ZÓN LA BURRA NO TIENE SU RABO?

SIN PALABRAS.

PERDONA QUERIDO, PERO DE HABER ESTA-
DO SEGURA DE DAR EN EL CLAVO, NO TE
HUBIESE PEDIDO QUE LO AGUANTARAS...

- ¿MATARLE? ¿ESTÁ
USTED LOCO? ¡SI VIENE
CADA AÑO!

- ¡ASEGURAN QUE TIENE
UNA GARGANTA DE ORO!

197

pues rompe todos los días gran número de platos, vasos, etc. La señora le dice:

—Manuela, lo que lleva roto vale mucho más de lo que gana al mes. ¿Qué vamos a hacer para evitar esto en lo sucesivo?

A lo que la sirvienta replica:

—Me parece un buen remedio el que la señora me suba el sueldo...

* * *

Imposible

—Yo creo —dice una joven— que toda persona debe cantar cuando está trabajando.

—Mi hermano no puede —replica un muchacho.

—¿Por qué no?

—Porque toca el trombón.

* * *

De vacaciones

Ante la puerta cerrada de un piso, comenta la portera con una vecina:

—¡Estos no han regresado todavía del veraneo!

—¡Qué derroche! ¡Cómo disfrutan...! —replica la vecina, con cierta envidia.

—¡Ya lo creo...! ¡Cómo que no los dejan venir hasta que no paguen la cuenta del hotel...!

* * *

- ¿ES QUE NO COMPRENDE QUE SU MISIÓN YA HA TERMINADO?

-DETRÁS TUYO, QUERIDA, HAY UN SEÑOR QUE PARECE APRECIAR MUCHO TU SOMBRERO.

- Hoy es sábado y no tengo intención de quedarme en casa.

- VIGÍLALO... NO ES JOVEN, ¡PERO ESTAMOS EN PRIMAVERA Y SU IMAGINACIÓN TODAVÍA DA VUELTAS!

- MI MARIDO QUERÍA DAR LA VUELTA AL MUNDO, PERO YO PREFIERO IR A OTRO SITIO, ¿NO TE PARECE?

El peón

El encargado de una obra dice a un jornalero:

–Pero, hombre, Manolo, ¿qué te pasa, que estás como atontado y no haces más que dar vueltas de un lado para otro?

–No le extrañe, señor Antonio –responde el obrero–. ¿Qué quiere usted que haga un peón de mano?

* * *

El despido

Juan está de contable en casa del señor Andrade. Al finalizar el año se queja a su patrono de no haber recibido el aumento con que había contado.

–Esto demuestra, Juan –le dice el dueño–, que había contado usted mal. Y como yo no puedo tener en mi casa un contable que se equivoque en los cálculos, desde mañana queda usted despedido...

* * *

Recomendación

El abogado puso un anuncio pidiendo un chófer. Al primero que se le presentó le dijo:

–¿Tiene usted el descaro de venir a solicitar esta plaza? ¿Usted, a quien defendí hace dos años por robo a mano armada?

–Justamente por eso, señor –contesta el chófer–. Habló usted tan bien de mí al juez, que pensé que le agradaría tenerme a su servicio.

* * *

— ¡YA TE DECÍA YO QUE ERAN DEMASIA-
DO GORDAS ESTAS PERLAS PARA UN CO-
LLAR!

CLARO QUE NOS CONOCEMOS. USTED ME
ABOFETEÓ AQUÍ MISMO ANOCHE.

Cazador de fieras

Un individuo se presenta en una agencia de colocaciones.

–¿Qué oficio tiene usted? –le pregunta el encargado.

–Cazador de fieras.

–¿Dónde?

–En la provincia de Alicante.

–¡Pero si en esa provincia no hay fieras!

–Precisamente por eso estoy parado...

* * *

Complicación

Abrumado por el trabajo, el hombre de negocios, solicitado por dos teléfonos a la vez, de los siete que hay sobre su mesa, se aplica dos a las respectivas orejas:

–¡Diga...! –grita–. ¿Cómo...? ¡Aquí soy yo...! ¿Quién...? ¿Cómo...? ¿Qué dice usted...? ¿Que estoy hablando conmigo mismo...?

* * *

Aprendiendo a conducir

El monitor de la auto escuela, cumpliendo con su trabajo, está enseñando a conducir a una bella alumna. En cierto momento le dice:

–Mi querida joven, si busca el freno de mano, está un poco más a la izquierda. Pero si no se trata de una equivocación, entonces, se lo ruego, continúe...

* * *

- SEGÚN LOS PLANOS, DEBEN FALTAR MUY POCOS CENTÍMETROS PARA ENCONTRARNOS CON LA BRIGADA DE ENFRENTE

- ME PARECE QUE ESTA CREMA PARA BRONCEAR TIENE ALGUNAS DEFICIENCIAS EN SU MEZCLA...

- RAPIDO, HUYAMOS.

- ¡OH, SÍ, MISS WILLIAM. MR. BIGGS SABE QUE ESTÁ USTED ESPERANDO! CIERTAMENTE, TIENE FUERZA DE VOLUNTAD , ¿NO CREE?

- SÍ, SEÑOR, ¿Y QUÉ MÁS DESPUÉS DE ¡BOING! ?

203

Retrato completo

La esposa dice al marido:

–Hoy se va nuestra sirvienta y tengo que ecribirle una referencia. Ya he puesto que es perezosa, contestadora e impertinente, pero me gustaría poner también algo bueno de ella.

El esposo replica:

–Puedes poner que tiene buen apetito y que duerme perfectamente.

* * *

Empleados exclusivos

En cierto restaurante lujoso uno de los clientes le pregunta al camarero:

–¿Quiere hacer el favor de decirme qué hora es?

–Lo siento, señor –responde el mozo, sonriendo amablemente–; pero su mesa no me corresponde a mí.

Entonces el caballero, muy indignado, le pregunta a otro camarero que en aquel momento pasa llevando una bandeja:

–Supongo que usted no podrá decirme dónde está el lavabo.

El que lleva la bandeja se detiene, le mira de arriba abajo y con voz irritada le contesta:

–¿Es que no se da cuenta de que tengo las manos ocupadas?

* * *

Hay que comer

Los recién casados partían en tren, en viaje de luna de

- La señorita está primero, señor, y el ascensor sólo puede
bajar una persona.

Bailan muy bien,
¿pero crees que lloverá?

- ¿A qué es debido este enorme retraso?

- ¿No es un espejismo?

205.

miel. Y cuando estuvieron solos en el compartimiento, dijo él:

–Ahora, querida, tú y yo somos una persona solamente.

–Ya lo sé, amor mío –respondió ella–; pero cuando venga el camarero haz reservar dos cubiertos en el coche comedor, ¿eh?

* * *

Cortesía

Un individuo se presenta en una agencia de colocaciones.

–¿Es aquí donde han puesto un anuncio en el periódico solicitando un empleo? –pregunta.

–Sí –le responden–; ¿desea trabajar?

–¡No! Vengo a decirles que conmigo no cuenten. No me interesa.

* * *

Despiste

En una travesía transatlántica viajan por primera vez en barco dos obreros en vacaciones.

A consecuencia de un accidente, el barco se va a pique rápidamente, con el consiguiente terror de los pasajeros y en especial de uno de los obreros, quien, con espanto, dice a su compañero:

–¡Manuel...! ¡Que el barco se está hundiendo...!

–Pues déjalo en paz –responde tranquilamente el otro–. ¿Es tuyo, acaso?

* * *

-SIN PALABRAS

NO ES UN PERRO QUE COMA LO QUE LE ECHEN.

- AÚN HACE MAL TIEMPO...

- PUES YO, NUNCA LE MIENTO A MI MA-RIDO. SÓLO LO HAGO CUANDO LO JUZGO IMPRESCINDIBLE...

- YO SOY AQUELLA SEÑORA QUE USTED ATROPELLÓ CON SU VELOMOTOR...

¡Vaya jefazo!

El empleado es llamado al despacho del jefe, quien le reprende así:

—Son las nueve y cinco. ¡Aquí se entra a las nueve en punto! ¿No lo sabe?

—Sí, señor —responde temeroso el obrero—; pero es que...

El jefe le interrumpe diciendo:

—Le descontaré ocho minutos de su sueldo, cinco de retraso y tres que pierde escuchando mi bronca.

* * *

Lógica

Un viajante de comercio, que tenía un ojo de cristal, llegó una vez a un pueblo de Extremadura para trabajar y se alojó en la única posada que allí había.

Después de acostado llamó a la posadera para darle el ojo de cristal, rogándole que lo pusiera en un vaso de agua.

Al ver que la mujer, después de tener el ojo en la mano no se marchaba, le preguntó el viajante

—¿Qué espera usted, señora?

—Que me dé usted el otro ojo —respondió la posadera con toda naturalidad.

* * *

¡No tanta alegría!

Un excursionista sale al campo a distraerse y se pierde en el bosque. Camina y camina, pero nada; no puede

-¡ CÓMO HAS CRECIDO, PEPITO !

- DÍGALE A GARCÍA QUE NO LAVE AQUEL COCHE SPORT. UN CLIENTE ESTÁ EXAMINANDO ALGO DEBAJO DE ÉL.

-¡ HIJO, VE ARRIBA Y MÉTETE EN LA CAMA, TIENES ERUPCIONES POR TODAS PARTES!

- ¡NO TE SIENTAS OFENDIDA! SERÁN DOS FERROCARRILES, UNA FÁBRICA DE ACERO Y UNA SERIE DE POZOS PETROLÍFEROS LOS QUE TE SILBEN.

encontrar el camino. Y así está un par de días hasta que al fin ve a otro hombre.

—¡Qué alegría me da verlo, señor! —exclama—. ¡Hace dos días que me perdí!

—¡No tanta alegría, no tanta alegría! —contesta el otro—. ¡Que yo hace siete días que me perdí...!

* * *

Sermón de jefe

Un obrero en edad de cumplir el servicio militar, antes de incorporarse a filas acude a despedirse al despacho del director. Este le dice en tono paternal:

—Usted aprenderá muchas cosas buenas en el Ejército. Entre las cosas que allí aprenderá figura principalmente la de no pedir aumentos de sueldo.

* * *

Entre compañeros

Dos empleados conversan entre sí. Uno de ellos dice:

—Me ha dicho el jefe que te va a despedir del trabajo.

—¿Porque duermo en horas de trabajar? —pregunta el otro.

—No; porque le despiertas a él con tus ronquidos.

* * *

Muy conocido

Un joven escritor va a una editorial a ofrecer la obra que ha escrito después de dos años de intenso trabajo.

- ···Y por último este obsequio de la casa. ¡Un tubo de tabletas muy eficientes para curar los sustos de los maridos!

- Desearía adquirir diez lienzos pequeñitos... son para envolver almuerzos.

_ ¡Yo pensé que eras tú el instructor!

- ¿Y qué le hace pensar que vengo solamente por su dinero y no por su hija?

–Lo siento mucho –le dice el editor–, pero aquí no editamos más que nombres muy conocidos.

–¡Ah, muy bien! –responde el autor–. Yo me llamo Pérez.

* * *

Rectificación

Un encuestador de una empresa de sondeo, pregunta al hombre que le ha abierto la puerta:

–Según usted, ¿cuántos maridos engañados hay en su ciudad? Sin contarse usted, claro...

–¿Cómo? ¿Qué dice? –se indigna el otro con la cara enrojecida.

–Perdóneme, le he ofendido sin querer –replica el encuestador–. Repito mi pregunta: Según usted, ¿cuántos maridos engañados hay en su ciudad? Contándose usted, claro...

* * *

Así da gusto

El matrimonio se ha quedado sin criada. El marido, todo solícito, ha barrido, ha fregado... y se lleva a su mujer al restaurante.

A los postres exclama ella:

–¡Qué bien se está sin criada...!

* * *

¡Vaya molestia!

Una damita no muy agraciada se acerca al gerente del hotel, y le pregunta:

—¡JEFE, HEMOS COGIDO A UN TIPO QUE QUERÍA HACERSE PASAR POR UNO DE NOSOTROS!

— ESPEJITO MÁGICO, MÁNDAME UN ESCLAVO...

—PUES TENÍA USTED RAZÓN... ERA AGUA DE FREGAR. ¡HOY ESTÁN UN POCO DESPISTADOS EN LA COCINA!

—¿Ese que está en la cafetería es Alain Delon?

—Sí, señorita —responde el gerente.

—Pues sepa que me está molestando.

—¿Molestándola? —exclama asombrado el del hotel—. ¡Pero, señorita, si ni siquiera la ha mirado...!

—Pues eso precisamente es lo que me molesta —responde ella.

* * *

Entre ama y criada

—Isabel, esas sillas están llenas de polvo —dice la señora.

—Es verdad, señorita —responde la sirvienta—, pero es que hoy aún no se ha sentado nadie en ellas...

* * *

Soluciones para todo

Un ejecutivo entra en una librería con intención de comprar un libro de actualidad. Pide consejo al librero y éste le dice:

—Tome este libro: «Cómo obtener un aumento de sueldo». Y en el caso que no le dé resultado, le recomiendo este otro: «Cómo hallar otro empleo».

* * *

El tiempo es oro

Un hombre de negocios está siempre tan ocupado, que le pregunta a su secretaria:

—¿Dónde he puesto el bolígrafo?

214

- ¡Qué raro! Aquí siempre solía haber un guardia de tráfico.

- Perdón señora... ¿que se ha caído?

-Para mí nada, yo estoy enamorado.

-Me han cogido por provocar un incendio. Pero confidencialmente, te diré que soy un maníatico homicida.

-¡Y no quiero que me repliques...!

215

—Lo lleva en la oreja, señor —responde la joven.

—¡Vamos, vamos, señorita, que no tengo tiempo que perder! ¿En qué oreja lo llevo? —exclama el financiero.

* * *

Vocación

Una muchacha se presenta en un Banco como candidata al empleo que se ha anunciado. El jefe de personal le pregunta:

—¿Cuáles son sus aptitudes para el trabajo en un Banco?

A lo que la joven responde:

—Desde muy niña siempre me ha gustado el dinero con locura.

* * *

No hablar al conductor

La señora está cosiendo a la máquina. Su esposo se sienta junto a ella. La mira trabajar y comienza a formularle indicaciones.

—Más despacio, querida...; ahora dale al pedal...; no tires de la tela hacia ti con tanta fuerza...; un poco a la izquierda; el dobladillo es demasiado estrecho...; ¡cuidado con el dedo...!

La señora acaba por hartarse, suspende la labor y pregunta:

—¿Se puede saber para qué me estás dando esa serie de consejos?

—Para que te des cuenta —responde el marido— de lo que siento cuando voy conduciendo contigo al lado...

- ¡MIRA, PAPÁ...!

- HOLA, QUERIDA. NO. NO ESTOY EN LA OFICINA... SÍ, LE PEDÍ AL JEFE EL AUMENTO TAL COMO TÚ ME DIJISTE...

-ESTAMOS JUGANDO A NAUFRAGOS Y PAPA HACE DE ISLA DESIERTA.

- SI PESCAS UNO TAN GRANDE COMO EL VENDEDOR PUEDES ESTAR CONTENTO.

- DÉJAME CONDUCIR A MÍ, QUE QUIERO DESCANSAR UN RATO...

Las pagas extras

Dos obreros trabajan en una empresa que está en crisis y al no percibir a tiempo sus honorarios comentan:

—Bueno —dice uno de ellos—; pero, ¿tú crees que, por fin, cobraremos las dos pagas extras de este año que nos deben?

—¡No sé! —responde el otro—. Esta semana no hace más que poner «pegas extras».

* * *

Cansancio

La criada de un viejo y rico burgués comenta con una amiga:

—En casa de mi jefe lo paso bien. Cuando sube a mi buhardilla con la intención de hacer el amor conmigo, llega arriba tan cansado que no tiene más que una idea: estirarse en mi cama para dormir a pierna suelta.

—¿Y tú qué haces entonces? —pregunta la amiga, con curiosidad.

—Cuando él se ha dormido, yo bajo al encuentro del joven mayordomo.

* * *

Espectáculo único

Un muchacho, desesperado por no tener trabajo, se presentó al dueño de un circo, y le dijo:

—Señor, tengo un número estupendo. Salto de cabeza en un barril de serrín desde un trampolín de cuarenta metros de altura.

Incrédulo, el dueño le mandó hacer la prueba, y el jo-

-Vete tranquilo, Pepe, lo único que haré mientras estes ausente, será salir con Roberto...

.y aquí está sentado sobre un almohadón, cuando era cachorro.

-Recuerda, papá. Se llama Ed... ¡No le asustes llamándole "hijo mío"!

-Bajar es muy fácil, lo que es difícil es salir de aquí.

- ¡Nada de eso! A tus años no sales de nuevo a la mar.

ven saltó de cabeza, rompió el barril, saliendo aturdido, pero ileso del trance.

El dueño del circo le ofreció diez mil pesetas semanales, luego veinte mil y finalmente treinta mil. Pero el muchacho los rechazaba.

—¡No se móleste! —le dijo por último—. ¡Es la primera vez que hago esto y no pienso repetírselo...!

* * *

Citas

Un joven agente comercial desea entrevistarse con el dueño de una importante empresa, sin que logre su propósito.

—¿Por qué no le pide una cita a mi secretaria? —le pregunta el magnate.

—Ya lo hice y pasamos un día espléndido —contestó el joven—, pero yo quiero hablar con usted de negocios...

* * *

¡Nuevo deporte!

Unos obreros descargan un carro de melones pasándose la fruta de unas manos a otras. El que está subido al carro se los lanza al que se encuentra en la calle y éste a uno situado en la puerta de la frutería.

Un curioso que presencia la operación pregunta:

—¿Qué deporte es éste?

—¡Vaya! ¿Usted no lo sabe, tan listo como parece? —responde uno de los obreros.

—¡No, no lo sé!

—¡Pues es el *meloncesto*...!

¿DEBO SUPONER QUE YA ESTÁ TERMINADA?

SIN PALABRAS

-ESTÁ BIEN, PERO LOS NECESITO VERDADERAMENTE MAÑANA.

- ¡OYE, "TIRANO", SI NO TE GUSTA, DILO...!

-... Y EN EL CASO DE QUE SE DIERA USTED UNA DOSIS EXCESIVA...¡AQUÍ TIENE EL ANTÍDOTO!

Los hay abusones

Varios empleados conversan sobre problemas de la empresa en que trabajan. Uno de ellos dice, enojado:
—Tenemos un nuevo gerente que es una calamidad. ¡Ya van tres tardes que no nos deja dormir la siesta...!

* * *

Pobre porfiado

El gerente de una importante empresa se negaba a recibir las visitas de los muchos que pedían empleo.
Aquella mañana rechazó sin más las ocho visitas que llegaron. Cuando le anunciaron la novena, deseoso de divertirse un rato, contestó a su secretaria:
—Que pase.
Entró un individuo de modesta apariencia, al que dijo:
—Dígame lo que desea... Tiene usted suerte, porque ya he despedido sin recibirlas, ocho visitas esta mañana.
—Ya lo sé, señor —replica el visitante.
—¿Se lo ha dicho el ordenanza?
—No; es que las ocho visitas anteriores... ¡era yo!

* * *

Mucho trabajo

Arístides Briand empleó en un Ministerio a un electorero que trabajó mucho la elección de un amigo del célebre estadista.
El nuevo funcionario hizo saber que no estaba contento con su cargo. Se lo dijo al secretario de Briand para que se lo dijera a éste.

- DESDE LUEGO, NO SE PUEDE NEGAR QUE ESTE PETRUS ES UN TIPO DURO...

- CREO QUE HAS COMETIDO UNA EQUIVOCACIÓN AL PAGARLE POR HORAS...

- LO SIENTO, PERO CREO QUE NO TENEMOS EMPLEO PARA PERSONAS DE SU PROFESIÓN...

- A VECES ME GUSTARÍA QUE FUERAS ANALFABETA...

- ¿QUÉ QUIERES DECIR CON ESTO DE: ¿QUÉ HAY PARA COMER?

223

–¿Qué misión tiene? –preguntó el político.

–Arrancar a final de mes la hoja del calendario de su oficina –respondió el secretario.

–¿Y se queja? ¿De qué?

–De exceso de trabajo. Dice que febrero es un mes muy corto...

* * *

¡A lo práctico!

Un deportista, ya algo mayor, conversa con un amigo. Este le dice:

–Ya sé que has comprado una torre con un buen pedazo de terreno. Te servirá para cultivar el deporte.

–Sí –responde el deportista; pero cultivaré patatas y judías.

* * *

El accidente

En un tribunal, se juzga al responsable de un accidente de automóvil: un obrero que ha revolcado a una señora en una calle. El presidente interroga a la víctima, que afirma haber quedado con una sordera completa desde el accidente..., y pide importantes indemnizaciones por daños.

–¿Usted está sin trabajo, verdad señora?

–Sí, señor.

– Tiene cincuenta y cinco años u... –dice el presidente.

–¡Ah, no! –le interrumpe la señora–. ¡Treinta y cinco...!

.....Y AHORA SU DIETA: NADA DE CERVEZA, VINOS DE NINGUNA CLASE, CIGARILLOS, PIPA, PUROS, NI ...

-... CUATRO... TRES... DOS... UNO...

Para descansar

Un industrial conoce una bella joven y tras un rato de conversación le dice:
—Busco una secretaria para la apertura de una empresa.
—¡Eso podría interesarme! —contesta la muchacha.
—Más que nada busco a una mujer en quien pueda descansar en ocasiones... ¿Me entiende?
Ella reflexiona, sonríe ligeramente y pregunta:
—Dígame, la ocasión con usted, ¿cada cuánto es?

* * *

Madre e hija

—Mamita —dice la niña—: ¿todos los cuentos comienzan con «había una vez»?
—No, hijita —responde la madre—. Algunos comienzan con «querida: esta noche volveré tarde a casa, porque tengo que quedarme a trabajar en la oficina...».

* * *

Fiesta familiar

Rodríguez, jefe de contabilidad y de archivos y ficheros de una importante entidad comercial, ha organizado una fiesta familiar con motivo de la puesta de largo de su hija Luisa.
El calcula que recibirá la visita de veinte personas amigas, pero se le presentan cuarenta, y Rodríguez supone, y teme, que no habrá pasteles para todos.
A la vista de ello, él mismo, personalmente, sirve a sus invitados. Toma las bandejas de dulces y las botellas

ESPERANZA Y PACIENCIA...

EXTRAÑO AMIGO DEL HOMBRE.

- ¡ESTIMADA SEÑORA, OTRA VEZ EN VIAJE DE NOVIOS...!

-ESCÚCHEME ATENTAMENTE, OPERADORA...

de bebidas y se dirige a cada uno de los asistentes, mientras les dice:

—Señora: tome su cuarta pastita; señorita acepte usted el segundo pastelito de hojaldre; caballero, tome su tercer whisky...

* * *

Nunca se cansa

En el taller, un encargado dice a un obrero:

—Oiga, ¿no me dijo usted que nunca se cansaba? Apenas hace media hora que ha empezado a trabajar y ya está tumbado.

—Naturalmente —responde el obrero—. Por eso no me canso; porque me tumbo de cuando en cuando...

* * *

Billetes diferentes

Poco antes de las vacaciones conversan dos amigos en el bar.

—Nosotros no salimos de veraneo todavía —dice uno de ellos— porque no he podido conseguir cuatro billetes de primera...

—Por lo mismo no salimos nosotros; por los billetes —replica el otro.

—¿De primera o de segunda?

—No; de mil...

* * *

- BUENO HOMBRE, TOTAL POR UN PAR DE PELOS QUE SE TE HAN CAÍDO...

- LA CULPA ES TUYA. DEBISTE PONER MÁS ATENCIÓN A LAS LECCIONES DE NATACIÓN.

- PASE A CAJA, POR FAVOR...

Un fenómeno

En la tocinería, dice una criada al dueño:
—Mi señorita quiere que los cinco jamones sean de la misma calidad. ¿Comprende?
A lo que replica el carnicero:
—Pues irás bien servida, porque te los vas a llevar todos del mismo cerdo.

* * *

Vanidosillo

Dos amigos caminan por la calle. De pronto se cruza con ellos un magnífico automóvil.
—Ese que conduce es uno de mis compañeros de trabajo en la oficina —comenta uno de los amigos.
—¡Ah! ¿Y qué hace en la oficina? —inquiere el otro.
—Poca cosa... Firma las cartas que yo escribo.

* * *

Desconfianza

Una señora de cierta edad monta por primera vez en avión. Con visible desconfianza, le pregunta al piloto:
—Joven: ¿está usted seguro de poder llevarnos a tierra?
—Sí,. señora —responde el piloto—. Por lo menos, hasta ahora no he dejado a nadie aquí arriba...

* * *

-Pero Carlos, en qué demonios estás pensando; hace un rato que te estoy hablando y tú no me contestas!

. Ciertamente hay mucho polvo aquí, ¿verdad Sr. Pérez?

APROVECHADO

Y ahora una noticia importante para mi mujer... me han aumentado el sueldo

Vacaciones adelantadas

Un empleado entra en el despacho del jefe y éste le pregunta:

—Vamos a ver que viene a pedir hoy el bueno de Gómez.

—Pues verá usted... —contesta el empleado—. Decía yo... que si usted no tuviese inconveniente... Porque al fin y al cabo a la empresa le da lo mismo...

—¡Bueno, termine de una vez! ¿Qué es lo que quiere?

—Pues quería... que me adelantase las vacaciones de los tres años próximos...

* * *

Urbanidad

Un conductor de autobuses de Barcelona, mientras realiza su trabajo, suele rogar, diplomáticamente, a sus viajeros:

—Hagan el favor de empujarse con cuidado hacia atrás...

* * *

La fuerza de la costumbre

El encargado de una subasta está gravemente enfermo. El médico lo reconoce.

—¿Qué marca el termómetro? —pregunta un pariente del moribundo.

—Cuarenta grados —responde el doctor.

El paciente, haciendo un gran esfuerzo, exclama:

—¡Dan cuarenta...! ¿No hay quien dé más...?

- Aquí tienes dos de las razones por las que quiero casarme contigo...

Sin palabras...

- Sí, sí .. te enloquece jugar al beisbol...

- Y ¿cómo lo has capturado?

- ¿Crees que podremos resistir hasta que vengan a salvarnos?

- Mira lo que haces.

233

No es lo mismo

La familia está veraneando en la costa. La madre dice a un hijo:

—¡Pequeño...!: no te metas tanto en el mar, que puedes ahogarte.

—Mamá, estoy a la altura de papá —responde el chico.

—Sí; pero tu padre tiene seguro de vida...

* * *

La piedra

Una joven secretaria, llega un día a su despacho llevando en el dedo un magnífico brillante. Sus compañeras, con envidia, le preguntan:

—¿Qué has hecho para obtenerlo?

—No lo que vosotras pensáis —responde con ironía la joven—. Es más sencillo. Una tía mía murió el mes pasado y dejó mucho dinero para que le comprara una piedra en su memoria. ¡Pues bien; ésta es la piedra...!

* * *

Limosna

Antonio, pasa cada semana por la casa de un millonario para pedirle limosna. Este, le pregunta un día:

—Usted es robusto y fuerte. ¿Por qué no trabaja?

—¡Lo intento, pero no es posible! —responde el mendigo.

—¿Cómo es eso?

—¡Sí...! En todas partes me piden un certificado de mi último jefe. ¡Y éste hace más de veinte años que el pobre está muerto...!

234

-Deja ya de forzar a Enriquito mami, ya se declarará el solo!

PERDÓN.

- ¡Ya te decía yo que podía ofenderse...!

- ¿Dónde habré puesto las pinturas?

La fiesta anual

Como cada año, el Comité de Empresas organiza una pequeña colación seguida de baile, a la que asisten todos los miembros del personal; alrededor de quinientas personas. Entre ellas, jóvenes y bonitas muchachas.

La fiesta, es un éxito y, al día siguiente, se habla mucho de ella en los despachos. Una hermosa secretaria cuenta a su amiga:

—Y entonces, de repente, la luz se apagó y en la oscuridad sentí dos manos fuertes que me desnudaban... ¡No puedes imaginar lo que fue aquello! Me quitó la braga y me metió bajo una mesa de despacho... ¡Debía ser alguien bien situado en el Consejo de Administración...!

—¿Le has reconocido en la oscuridad? —pregunta la amiga, con gran curiosidad.

—¡No, no...! Pero lo deduzco porque tuve que ser yo la que tuve que hacerlo casi todo...

* * *

En el cabaret

Varias tanguistas están reunidas en un palco esperando la hora de empezar a trabajar.

Una de ellas, analfabeta por cierto, coge una revista y, al abrirla, del revés, aparece un automóvil con las ruedas en alto; al verlo, dice a una amiga:

—Toma, Fifí; léeme el vuelco de este coche...

* * *

Señas particulares

Un cliente dice al director de un Banco:

- NUNCA DEJO QUE ME BESE UN MUCHACHO
LA PRIMERA VEZ QUE ME ACOMPAÑA. ¿POR
QUÉ NO VUELVES DENTRO DE CINCO MINUTOS
Y ME LLEVAS A ALGÚN LADO DE NUEVO?

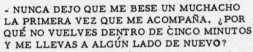

- SÁQUELA DE MEDIO CUERPO,
POR FAVOR...

DESPERTAR BRUTAL...   -ERIK SIEMPRE HA SIDO MUY PESIMISTA.

–¡Qué tipo tan raro ha tomado usted como cajero! Es bizco, tiene el labio partido, las orejas grandotas...
A lo que el director responde riendo:
–Así será más fácil identificarlo si se lleva el dinero.

* * *

Apuestas

El director de Banco pregunta a un empleado:
–¿Dónde está el cajero?
–Ha ido a las carreras de caballos.
–¿A las carreras en horas de trabajo?
–Es la única posibilidad que le queda para que le salgan las cuentas... –responde el empleado.

* * *

Muy orgulloso

Un señor pregunta, extrañado, a un mendigo:
–Pero, hombre, ¿por qué se dedica a pedir limosna?
–Cosas de la vida, señor –responde el pobre–. Mi padre no se acordó de dejarme una fortuna. Y como yo era demasiado orgulloso para trabajar, ¿qué iba a hacer?

* * *

Los jerseys

El jefe de personal convoca en su despacho a las obreras que trabajan en la fábrica y les dice:
–Recuerden todas que, con jerseys muy largos y anchos, deben desconfiar de las máquinas, y con jerseys

- SABE MUY BIEN CÓMO SUBRAYAR SUS PALABRAS...

Dos individuos están en una fiesta de cumpleaños y observan que uno de sus amigos está hablando sin parar desde hace un rato a una mujer de aspecto muy atractivo. Lo curioso del caso y lo que más les choca es que el amigo, si bien es un águila para los negocios –lo que ha demostrado reuniendo una fortuna más que regular– es un hombre de conversación aburridísima.

–No comprendo –dice uno– como esa mujer puede soportar tanto tiempo a Pepe. ¡Con lo inaguantable que es cuando habla!

–Es que –replicó el otro riendo irónico –nadie escucha con tanta atención a un hombre como la mujer que pretende ser su esposa.

* * *

SIN PALABRAS.

muy cortos y ajustados, deben desconfiar de los maqui-
nistas...

* * *

¿Quién paga?

Un joven se examina para factor ferroviario. El profe-
sor le pregunta:
—¿Cuánto paga un cadáver desde Madrid a Barcelona?
—¡Nada! —responde seguro el aspirante.
—¿Cómo que nada?
—Sí, señor; el cadáver no paga nada. Lo paga la fami-
lia.

* * *

Buen mecánico

En un taller de automóviles cierto señor observa a un
mecánico que trabaja en un coche. Cuando ha terminado
la pequeña reparación, cuidadosamente echa agua en el
radiador, comprueba el aceite sin derramar una gota,
ajusta el filtro del aire y suavemente baja el capot.

Después, con un paño muy limpio, quita todas las
manchas de grasa de la carrocería, sacude la tapicería y
se sienta al volante, no sin antes haber puesto un paño
protector en el asiento.

Acto seguido arranca el motor con mucho cuidado y
muy despacio lleva el coche a la calle y lo estaciona en
lugar permitido. Admirado, el señor comenta, dirigiéndose al jefe del taller.

—No hay duda que es un excelente mecánico y un
hombre cuidadoso y responsable...

Sin palabras

– Estos despegues de avión son siempre bastante impresionantes...

– Quisiera comprar cierta cosita que hay en el escaparate.

–No se fíe –replica el jefe–; es que ese automóvil es de él...

* * *

Pago de alquiler

Una bella secretaria, una vez sale de su trabajo va a ver al dueño de su apartamento. La joven lleva su abrigo bajo el que se encuentra casi desnuda.

Pero, en el momento en que su casero, como en otras ocasiones, se decide a tomarla en sus brazos para hacer el amor, la muchacha grita burlándose:

–¡Quieto, viejo asqueroso...! ¡Este mes tengo el dinero para pagar mi alquiler del apartamento...!

* * *

Doble trabajo

Dos ciclistas, montados en un tándem, llegan sudorosos y fatigados a la cumbre de una colina muy empinada.

–¡Vaya una cuesta...! –exclama uno–. ¡Creía que no llegábamos!

–¡Y que lo digas! –replica el otro–. Si no se me ocurre frenar, estoy seguro que nos hubiéramos ido para atrás...

* * *

Consejo

Un empleado se encuentra con un compañero, que tiene fama de estar reñido con la limpieza. Y le dice:

–Ya sé que te ha tocado el gordo de la lotería y que

¡Alerta!
¡Se está quemando nuestro cuartelillo!

El policia Smith estaba efectuando su ronda. Había niebla y caía una lluvia fina y persistente. En la calle sonaron unos pasos y el agente Smith vio a un hombre que, a grandes pasos, caminaba hacia atrás. Se le acercó y preguntó al extraño caminante:

—¿Qué le sucede?... ¿Le persigue alguien?

—¡Oh, no! Pero es que de noche suelo tener mucho miedo, y más en noches como ésta. Por eso camino así... para ver si alguien me sigue.

* * *

- ¿Y AHORA QUÉ...?

- ¡Baja inmediatamente, cobarde!
- ¡No me da la gana, estoy en mi casa y en ella mando yo!

tienes mucho dinero. Supongo que de ahora en adelante cuidarás más tu aseo.

Algo amoscado, el amigo responde:

—Puede ser que no lo·notes, pero te advierto que me baño todos los días.

Y el empleado, con gesto de sorpresa, replica:

—¿Es posible? Mira, entonces te voy a dar un consejo: cambia el agua.

* * *

Practicando

Un obrero dice a un conocido:

—¿Por qué no trabajas? ¿No te da vergüenza pasarte la vida cruzado de brazos?

—¿Qué quieres...? —replica el otro—. Me lo enseñaron en el colegio...

* * *

No hay problema

El jefe de personal de una empresa va a dar su informe diario al director.

—Señor director —le dice—, el empleado Soler está cada vez más sordo. ¿Qué hacemos con él?

—No hay problema —responde el director—. Páselo al departamento de Reclamaciones.

* * *

- SERA MEJOR QUE TOMEN DOS COPAS CADA UNO. EL NIÑO
VA A TOCAR EL VIOLIN...

_No entiendo lo que ve en ella.

- ESPERA A VERLE LA CARA: VERÁS
QUÉ SUSTO TE PEGAS...

Suspicacia

Dos obreros amigos se encuentran en la calle. Uno de ellos va muy bien vestido.

—¡Caramba, que gabardina llevas! —exclama, asombrado, uno—. Según veo, ya trabajas, ¿no?

—Sí; he entrado en un Banco —responde el otro.

—¿Por la noche...?

* * *

Al pie de la letra

—¿Cómo es eso, Manuela? —pregunta sorprendida la señora—. Le he dicho que preparara la comida y me la encuentro tomando un baño de pies en una cacerola. !Qué horror!

—La señora —replica la criada— me dijo que mirara en el libro de cocina cómo había que hacer los pies de cerdo.

—¿Y qué?

—Pues que he leído esto: «Meted los pies en agua tibia y rascadlos fuertemente». Y eso es lo que estoy haciendo. ¿Se figura la señora que lo hago por gusto?

* * *

Pocas garantías

Un individuo a quien se le ha incendiado su casa, recibe al agente de Seguros para discutir el pago del siniestro. El agente le explica que la Compañía le va a construir otra casa igual exactamente a la que ha destruido el fuego en vez de pagarle el dinero.

El asegurado se pone furioso, y exclama:

Un conocido conquistador declaraba a sus amigos:

—No voy a negar que enamorar a una mujer es cuestión de tiempo. Pero la verdad es que yo tengo un procedimiento que siempre me ha dado excelentes resultados.

Y ante la insistencia de sus contertulios, añadió:

—Cuando de conquistar a una mujer se trata, prefiero interesarme más por su «geografía» que por su «historia».

* * *

En un restaurante de moda, muy de lujo y que se anuncia como el último grito en su género, una pareja está cenando y al cabo de un rato ella llama al camarero para preguntarle:

—Si no me equivoco, el anuncio decía que en este local se daban cenas espectáculo. ¿No es cierto?

—Exacto, señora. Pero el espectáculo es después de la cena cuando presentamos la nota.

* * *

— DEJALE QUE BATEE UNA PELOTA. ¡ES MI PADRE!

— LA GARANTIA TOTAL SOLAMENTE VALE CUANDO VA USTED CON MARCHA ATRÁS.

¡AH! PUES A MI ME DIJERON QUE CINCO MINUTOS AQUI DELANTE SERIAN COMO CINCO AÑOS MENOS.

— TU PADRE, CON SUS TEMORES, ME PONE DE VERDAD MUY NERVIOSO...

–Si éste es el modo de trabajar de su Compañía ya pueden anular inmediatamente el seguro de vida de mi esposa... ¡Si llegara a morir...!

* * *

Sirviente listo

El jefe ordena a su criado:
–Tomás, si viene alguien a verme, dile que he salido al campo.
Poco después, llega un amigo a preguntar por el señor.
–Siento manifestarle que mi señor se ha ido al campo –le dice el servidor.
–¿Con su señora? –pregunta el amigo.
–No, señor, conmigo –responde el criado tan tranquilo.

* * *

Hay que distinguir

En el departamento de un vagón de ferrocarril un señor pregunta a una señora:
–Y usted, ¿viaja por placer?
–¡Oh, no! –responde la mujer–. Voy a reunirme con mi marido...

* * *

Proposición

La joven secretaria sale del despacho tarde, para coger el tren de las ocho horas. Para legar a su casa, debe pasar

- ¡Oiga! ¿No ha visto por casualidad un «bikini»?

Bernard Shaw tenía un peluquero tan charlatán como supersticioso. Habiendo aparecido en el cielo un cometa por aquellos días, la gente decía que aquel era el signo de que se acercaba el fin del mundo. Y el peluquero, mientras arreglaba los cabellos del célebre escritor dijo:

—¡Qué cosa tan terrible! Dicen que el día 1º del mes próximo se morirán todos los animales, y que el día 4 morirán las personas...

—Sí que es una desgracia —comentó Shaw— porque siendo así, ¿quién me arreglará el cabello el día 2 o el día 3?

* * *

¡ESTUPENDO! ES USTED DELGADUCHO, FEO Y SIN IDEAS. ¡EL PERFECTO DONJUÁN MODERNO!

por un camino oscuro y, lo que ella temía desde hacía mucho tiempo, sucede: Un hombre fuerte y viril le salta encima y la viola.

Ella se debate, araña, intenta llamar, gime... Por fin, se deja hacer...

Instantes después, mientras está ella en el suelo, intenta poner en orden sus ideas. El hombre, subiéndose el pantalón, le propone:

—¡Señorita, si le conviene, puedo volver a pasar mañana a la misma hora...!

* * *

La barba

La señora de López —mujer algo bigotuda— tiene un chófer algo sucio que se afeita muy de tarde en tarde. Y decide advertirle que eso resulta intolerable..

—Luis —le dice—; ¿cuál es su opinión personal respecto a la frecuencia con que debe afeitarse una persona?

El chófer detiene el coche y se queda dudando; mira detenidamente a la señora y, al fin, responde:

—Creo, señora, que para los cuatro pelos que tiene usted en el bigote le bastará con hacerlo cada tres días...

* * *

¡Si es por eso!

La mujer prepara sus cosas personales y dirigiéndose llorando hacia la salida del piso, dice a su marido:

—¡Ya que no quieres trabajar, me voy a casa de mi madre...! Allí, al menos, me darán de comer...

—¿Sí? Entonces, espera —replica el esposo—; que yo también voy contigo...

250

- ¡No me lo digas! Es un anillo de brillantes... un collar de perlas o.....

- QUÉ RUIN ERES, LUIS, YA SABÍA QUE ME ENGAÑARÍAS...

-SEÑOR COMISARIO,¡POR FIN HE LOGRADO CAPTURAR A JONNY "EL RATA"!

-Prueba con esto, ¡a ver si así vas más rápida!

Lo más económico

El gerente de la empresa dice a la bella secretaria:

—Mire, Loly, he estudiado su solicitud de aumento de sueldo y voy a ofrecerle algo mejor... ¿Quiere casarse conmigo?

* * *

Un cuento muy antiguo

Unos 3.200 años antes de la Era Cristiana, según cuenta un papiro que se conserva en Berlín, cierto escriba egipcio que trabajaba en el templo de Thot tenía por vecinos, en los cuartos contiguos al que él ocupaba, un broncista y un carpintero.

Estos honrados menestrales eran muy trabajadores y hacían tanto ruido durante el día y gran parte de la noche que el pobre escriba creía volverse loco.

Hasta que, al fin, se le ocurrió hablar con cada uno de sus dos molestos vecinos, por separado, y ofrecerles una cantidad a condición de que se mudasen de cuarto, cosa que ambos hicieron de muy buen grado; el broncista se fue al cuarto del carpintero y el carpintero se mudó al cuarto del broncista.

* * *

Esperando al médico

Un grupo de personas rodea en la calle a un pobre albañil que se ha caído del andamio.

—¿Ha muerto? —pregunta uno.

—Todavía no; se espera la llegada del médico —responde otro.

252

Cómo está el servicio

Una criada decide marcharse de la casa donde está sirviendo. La señora, muy apenada, le pide:
—Antes de marcharse, Teresa, le ruego que nos deje un certificado de buena conducta, para que podamos encontrar otra doncella...

* * *

Incapaz de procrear

Dos ejecutivos, mientras descansan de un trabajo, conversan de sus problemas conyugales. Uno de ellos, muy ingenuo, dice:
—Hay médicos que son de una gran incompetencia. Uno de éstos me dijo hace dos años que yo era incapaz de procrear.
—¿Y bien? —preguntó el otro.
—Pues que mi mujer fue a consultar a otro doctor. Le dijo que le faltaba yodo y que fuera a pasar quince días en la costa. ¡Y ya ves: está embarazada...!

* * *

Ideal

El periodista de un afamado periódico, deseando hacer un buen reportaje visita una prisión moderna.
—¿Por qué las celdas son de tres presos? —pregunta extrañado.
—Se lo voy a explicar —contesta el director—. No es cuestión de poner a nuestros presos en una celda individual; la soledad es el peor castigo.
—Es cierto —asiente el reportero.

—Si la celda es para dos, provoca demasiadas amistades particulares entre ellos. ¿Me comprende? Así, pues, tres es ideal...

* * *

Exigente

En un día de ocio, acompañado de su mujer y de dos hijos, un individuo se sienta a la mesa de un restaurante al aire libre. Desempaqueta unos bocadillos y se disponen a comérselos. Cuando llega el camarero le pide cuatro vasos de agua.

Al observar la escena, el encargado no puede contenerse y se acerca a la familia.

—Esto es un restaurante, señor —le dice al individuo.

—Ya lo sé... ¿Y usted quién es?

—El responsable del servicio.

—Perfectamente... Le iba a mandar llamar. ¿Quiere decirme por qué no toca la orquesta?

* * *

En el banco

El empleado de un banco, a un cliente que va a pedir que le anoten su crédito, para lo cual debe presentar la libreta anterior, le dice:

—Y la vieja, ¿dónde está?

—En casa —responde el cliente.

—Bueno, pues tiene usted que traerla.

El cliente se retira, y al poco rato vuelve con su madre y, presentándola al empleado, le dice:

—Aquí está la vieja, señor.

Depende...

Un empresario se toma unas vacaciones y se va a una playa de moda. Se hospeda en un hotel elegante y pregunta a un camarero:
—Supongo que para cenar habrá que vestirse...
A lo que el sirviente responde:
—Como el señor quiera; pero las cenas servidas en la cama tienen un aumento de quinientas pesetas.

* * *

Sinceridad

Un individuo pregunta a un niño:
—Dime, pequeño: tu padre, ¿no trabaja?
—Sí, señor. Está intentando entrar en un banco —responde el chico.
—¿Por recomendación?
—No, señor. Por una alcantarilla.

* * *

De luto

Un empleado es seducido por la presencia de una mujer joven que hace compras en el almacén donde él trabaja. Aprovechando una ocasión la aborda y le dice los sentimientos que le inspira.
—Vamos —replica la señora—, déjeme tranquila; estoy de luto por mi marido...
—Si sólo es por eso —añade el Don Juan—, no veo inconveniente en poner sábanas negras en la cama...

* * *

Trabajador

Un padre conversa con su hija respecto a su prometido. Le dice:
—¡Con razón me decía tu novio que venía de una familia de trabajadores...!
—¿Por qué, papá? —inquiere la joven.
—Porque acabo de enterarme que el padre cumple una condena de trabajos forzados...

* * *

Facilidades

En una agencia internacional de viajes de recreo, un individuo pregunta:
—¿Es aquí donde facilitan billetes?
—Sí, señor —le responde un empleado.
—Entonces, tenga la bondad de proporcionarme unos cuantos de mil pesetas para llevar a mi mujer de vacaciones.

* * *

Uno de empleados

Dos amigos conversan de su profesión. Uno de ellos dice:
—Has conseguido un empleo en el Banco, ¿eh? Supongo que lo deberás, en parte, a que conoces al director.
A lo que el otro responde:
—En parte a eso, y en parte a que él no me conoce.

* * *

Economías

El papá le dice al niño:

–Hijo mío, me he quedado sin trabajo y es preciso hacer economías. Yo ya no fumo, mamá no se pinta las uñas. ¿Qué piensas hacer tú?

–Pues, si te parece, papá, podría dejar de ir a la escuela –responde el chico.

* * *

Buen consejo

Terminado el curso, un estudiante que no tenía un céntimo y necesitaba pasar un caudaloso río para ir a su pueblo, dijo al barquero:

–Buen hombre, no tengo dinero; pero si me pasa usted en la barca le daré en cambio un consejo que vale dinero.

–¿Mucho? –pregunta codicioso el barquero.

–Bastante.

–¡Bueno, sube, muchacho, y que sea lo que Dios quiera...!

Pasó la barca el río, y cuando el estudiante se vio en la orilla opuesta dijo riendo:

–El consejo que puedo darle, buen hombre, es que, si quiere vivir de su trabajo, no pase a ninguno gratis como a mí.

* * *

Las piernas cerradas

Tras grandes trabajos, una mujer logra subir al autobús con sus seis hijos de corta edad. Cinco encuentran sitio junto a ella, pero el sexto se queda de pie. Su madre le sugiere:

–Ve junto a ese hombre sentado en la fila de delante y dile que si cierra las piernas habrá sitio para ti.

Unos segundos después el niño vuelve y dice:

–Me ha dicho ese hombre que si hubieras cerrado tú las piernas, ahora habría sitio para todos...

* * *

Profesión arriesgada

En los tiempos en que el toreo era una cosa muy seria, los matadores tenían una conciencia más dramática del riesgo de su profesión.

Se cuenta que una tarde Napoleón III quiso conocer personalmente al torero «El Tato», y cuando lo tuvo frente a él le hizo varias preguntas sobre el toreo y sus peligros.

–¿Qué es lo más difícil de vuestro oficio?

A lo que «El Tato», serio y solemne, respondió:

–¡Llegar a viejo, Majestad...!

* * *

Fea y vieja

El gerente de una gran empresa recibe en su despacho a un amigo íntimo. Este repara en que cerca hay una mujer muy fea y vieja escribiendo a máquina.

–¿Quién es ese vejestorio? –pregunta en voz baja al gerente.

–Es mi nueva secretaria –responde éste–. Sabe taquigrafía, mecanografía, cálculo, siete idiomas... No he tenido más remedio que aceptarla para que trabaje aquí conmigo...

* * *

La filiación

Un individuo es detenido por vago y maleante y conducido a la prisión. El empleado se dispone a tomarle la filiación y le dice:
—¡No se preocupe! Aquí en el penal, se le proporcionarán los instrumentos de trabajo que necesite. Lo que hace falta saber es la profesión de usted para ponerle en esta casilla.
El detenido duda un momento y luego responde:
—Pues... ponga usted radioescucha...

* * *

Cansancio

Una secretaria sale del trabajo y dice a una compañera:
—¡Chica, vengo cansadísima de la oficina!
—¿Qué has hecho? —pregunta su amiga.
—Nada.
—Pues hija, el día que tengas que hacer lo mismo, habrás de decirle al jefe que te ponga un ayudante...

* * *

Nueva profesión

—Ha llegado el momento de trabajar, hijo mío —le dice el padre—. ¿Has pensado en algo?

–Sí, papá –responde el muchacho–. En la misma mesa de tu despacho he visto mucha correspondencia con la siguiente inscripción: «Vía aérea». ¿Qué quiere decir eso? .
–Que viaja por los aires.
–Entonces a mí me gustaría trabajar en el tendido de vías para los aviones...

* * *

Dignidad ofendida

Un actor sin trabajo entra en una sórdida fonda, donde la comida es tan baja de precio como de calidad. Y se queda boquiabierto de asombro al ver que el camarero es un colega suyo, con quien ha trabajado en varias comedias.
–¡Santo cielo! –exclama–. ¿Tú de camarero en este sitio...?
–Sí –contesta el otro con dignidad–; pero no como aquí...

* * *

Accidentados

En el hospital, dos obreros en mal estado hablan de sus cosas:
–Yo –dice uno de ellos–, estoy aquí por un accidente de trabajo; me caí de un andamio.
–Yo –replica el otro– tuve un accidente de tren.
–¿De tren? ¿Cómo fue?
–Estaba haciendo el amor con la mujer del jefe de estación, cuando nos sorprendió y me golpeó con su linterna y su bandera...

Insomnio

La sirviente introduce en el despacho del doctor a un caballero de aspecto fatigado y de rostro pálido.

–Doctor –dice el visitante–. ¡No he podido conciliar el sueño en toda la noche...!

–Eso –le interrumpe el médico– puede ser ocasionado por un exceso de trabajo o por...

–¡No, no...! ¡Nada de exceso...! El motivo es otro. No he podido dormir porque...

–Bueno, entonces es que abusa usted del café o del tabaco...

–¡No, doctor...! Yo no hago abusos de ninguna clase... Lo que vengo a decirles es que esta noche no he podido dormir porque usted ha dado un baile que ha durado hasta las cinco de la mañana...

–Bien, ¿y qué?

–Pues que yo vivo en el piso de abajo...

* * *

Bofetadas

En la noche de bodas, la joven esposa se enfada. Le da una bofetada al marido diciendo:

–¡Toma, por ser un enamorado mediocre que se cansa pronto de trabajar...!

Entonces el marido le da un par de bofetadas comentando:

–¡Vaya...! Pues toma, por ser capaz de hacer diferencias...

* * *

En la cárcel

Cuando se termina la partida de ajedrez, uno de los presos pregunta a su contrincante:
—¿Tienes tiempo de jugar otra?
—¡Deja de decir tonterías! —responde su compañero de celda—. Bien sabes que todavía tenemos dieciocho años por delante para el ocio...

* * *

Obsesión

Un psiquiatra acaba de contratar a una nueva secretaria, y para adiestrarla en su trabajo le da algunos informes.
—Hace unos días, por ejemplo —dice—, vino a verme un señor que se imaginaba estar perseguido por tres gigantes, le aconseje que abriera la puerta de repente, que se deslizara en la pieza inmediata y cerrada la puerta inmediatamente para que los gigantes no pudieran seguirle y...
La nueva secretaria, emocionada, le interrumpe, diciendo:
—¿Y realmente se quedaron fuera los tres gigantes...?

* * *

No hay que exagerar

Los fontaneros, creemos que injustamente, son víctimas de las inventivas de humorismo.
Se cuenta de uno de ellos que trabajando en una vivienda para reparar cierta avería de la conducción del agua, fue observado por el inquilino, al que le pareció

que el fontanero trabajaba con harta parsimonia y timidez.

–¿Le da a usted miedo el trabajo, amigo? –le preguntó.

–No, señor –le replicó el fontanero–; pero el que no me de miedo el trabajo no es razón para que me arroje sobre él como un salvaje. ¿No le parece?

* * *

Curándose en salud

Un turista deambula por el muelle de Barcelona cuando oye gemidos lastimeros. Es un norteafricano que, sentado en el suelo, se lamenta dolorosamente.

–¿Qué le ocurre? –le pregunta el turista.

–Es por mi trabajo –responde el obrero–. Todo el día cargando cajas y paquetes. ¡Es para morirse...!

–¡Pobre hombre...! ¿Cuántos años lleva así?

–Ninguno. Empiezo mañana a trabajar –contesta el obrero rompiendo a llorar.

* * *

Prisas

Un revisor del tren, en cumplimiento de su trabajo, entra en un compartimiento de primera clase y se encuentra a una pareja de jóvenes haciendo el amor

–Oigan –les dice, guiñando el ojo–. Trabajando, ¿eh? ¿Acaso están de viaje de novios?

–Sí, señor –contesta el joven–. Ella se tiene que casar la semana que viene...

* * *

Empleado para todo

Una señora se acerca a la ventanilla de «Pequeños anuncios» de un gran diario y explica al empleado que la atiende:

–Me hace falta alguien que se ocupe de la limpieza de la casa, de la calefacción, que dé cera al piso, que lave la vajilla y la ropa, que tenga el jardín en buen estado, que repase los deberes de los niños... En fin, un hombre que esté siempre dispuesto a servir y que no proteste, que sea sobrio, modesto, que no sobrepase los 30 años...

–¡Señora –le interrumpe el empleado–, eso no es de esta ventanilla. Para los anuncios solicitando marido es en la ventanilla de al lado...!

* * *

Inspector con olfato

Delante de un almacén está parado un camión municipal. Dos obreros han terminado de cargar un gran número de rollos de cables de cobre y se disponen a marchar, cuando un inspector de Policía los detiene y los lleva a Comisaría.

–¿Cómo supo usted –le pregunta el juez-comisario– que se trataba de dos ladrones y no de obreros municipales?

–Los estuve observando –responde el inspector–. ¡Y vi que trabajaban demasiado deprisa para ser obreros municipales!

* * *

264

El cheque

Un multimillonario fanfarrón conversa con un convicto al que dice:
—Antes era un pobre miserable; pero ahora puedo extender un cheque por varios millones de pesetas.

Y ante el asombro del otro saca un talonario de cheques del bolsillo y extiende uno al portador por valor de cinco millones de pesetas. Luego dice con displicencia:
—Y ahora verá usted lo que me importan a mí cinco millones de pesetas...

Y tranquilamente rompe el cheque en mil pedazos...

* * *

La desgracia

La criada, con acento compugnido dice a la señora:
—Me parece que me va a ocurrir hoy alguna desgracia. He derramado el salero.
—No seas supersticiosa, mujer —replica la señora.
—Es que lo he derramado sobre la crema de la tarta que usted había preparado para los invitados.
—¿Habráse visto mayor descuido? ¡Ya estás de más en esta casa...!

A lo que la pobre sirvienta contesta:
—¿No le decía yo que me iba a ocurrir alguna desgracia?

* * *

La bolsa o la vida

Un señor que ha estado de juerga regresa a su casa a

medianoche. De pronto nota que le ponen un objeto duro en la espalda.

—¡La bolsa o la vida! —le grita un ladrón.

—Tome —responde el trasnochador entregándole la cartera—, coja la bolsa.

—Está vacía —replica enojado el ratero.

—Y si quiere mi vida, cójala; está peor que la bolsa.

—Tiene razón —dice el ladrón—. Mire, después de estar dos años en este trabajo, no me he podido comprar ni un revólver y tengo que amenazar a la gente con esta vieja pipa...

* * *

Los bomberos

Para ir a apagar un fuego el coche de bomberos pasa con gran estrépito delante de un restaurante. Un cliente abandona su cena bruscamente, cuando apenas acaba de comenzar a comer.

—Rápido —ordena al camarero—, la cuenta. Dese prisa.

—¿Pertenece usted al cuerpo de bomberos? —pregunta el mozo.

—Yo, no, pero el marido de mi amante sí...

* * *

Buena perspectiva

Una señora conversa con la joven que pretende entrar a trabajar en su casa.

—¿Y ha servido usted en muchas casas? —le pregunta.

—¡En muchísimas...! Y en algunas bastantes días...

* * *

Mal trabajador

Había en cierta ciudad un popular golfillo que se había propuesto vivir sin trabajar. En una manifestación obrera en que tomó parte dio tales voces, que fue detenido y procesado.

Su abogado, hombre de talento, pidió la absolución, empleando un argumento decisivo.

—Mi defendido —dijo— es un hombre a quien nadie ha conseguido hacerle trabajar una sola hora al día. Y cuando se lanza con entusiasmo a la calle pidiendo ocho horas de trabajo, en lugar de premiarle, señor juez, le encerráis en la cárcel...

* * *

Día de ocio

—¿Por qué no te levantas para ir a trabajar? ¿Es que no te encuentras bien? —pregunta la mujer.

A lo que responde el marido, desperezándose:

—Precisamente por eso no me levanto; por lo bien que me encuentro. ¡Hoy no voy a trabajar...!

* * *

Premio al trabajo

Un contratista fue a inspeccionar una de sus obras y observó que uno de los albañiles, con las manos en los bolsillos, contemplaba tranquilamente cómo los demás trabajaban.

El contratista, intrigado, increpa al poco activo trabajador, diciéndole:

—¡Le vengo observando desde que he venido y todo el rato ha estado haciendo el vago...!

Y sacando su cartera extrajo unos billetes y añadió:

—Aquí tiene el importe de sus jornales de la semana más una indemnización. Y queda despedido. ¡No me replique, no quiero oír ni una sola palabra!

El otro cogió los billetes y sin decir nada desapareció.

Orgulloso de su energía, el contratista le contó el caso al capataz y éste replicó, sorprendido:

—¡Pero si ese individuo no trabaja en la obra! ¡Es un albañil sin trabajo que había venido a ver si podíamos emplearlo...!

* * *

Entusiasmo popular

A cierto político muy conocido le inspiraban mucha aprensión los entusiasmos populares.

Un día, para informarse personalmente de un determinado trabajo, fue con un compañero de su partido a visitar un arrabal de la ciudad. Pero al ser reconocido por las gentes recibió un manojo de claveles.

—Ya ve usted —le dijo el acompañante—; hasta nos hechan flores...

—Sí; ya lo he visto —repuso el político, apretando el paso—. Pero conviene que nos demos prisa, no sea que después de las flores nos tiren las macetas...

* * *

Buena caza

Un nuevo rico organizó últimamente una cacería para distraer a sus amigos.

–¿Han cazado mucho? –preguntó al otro día un curioso al mayordomo de la casa...

–Regular... –respondió, evasivamente, el criado.

–¿Y se ha servido a la mesa lo cazado o lo han enviado al mercado?

–No. Se ha enviado al hospital.

–¡Magnífico rasgo! ¿Y qué se ha enviado?

–Dos de los ojeadores y un ciclista que pasaba por la carretera...

* * *

La ausencia del negociante

Cada vez que el padre se va de viaje de negocios todos los niños duermen en el lecho de la madre como un premio especial. Pero aquella vez los niños han sido malos y la madre los castiga.

–Cada uno a su cama –les ordena.

Al día siguiente van todos al aeropuerto a recibir al padre que regresa de su trabajo, y cuando aparece ante su vista el hijo más pequeño corre hacia él gritando:

–¡Papá, esta vez nadie ha dormido con mamá en tu ausencia...!

* * *

El certificado de trabajo

Un obrero va a pedir trabajo a una empresa. El jefe de personal le dice:

–¿Tiene el certificado de la casa donde trabajó anteriormente?

–No, señor. Lo rompí –responde el obrero.

–¡Muy mal hecho!

—¡Si hubiese visto usted lo que decía...!

* * *

El lechero

Un escritor muy bohemio, cierta mañana, a eso de las ocho, se halla conversando con un amigo en la calle y, junto a ellos, se encuentra un servicio de botellas de leche, de las que ciertas casas reparten a domicilio.

El escritor, que, además de ir tocado de una boina, está en zapatillas por culpa de una rozadura en los pies, ve como una señora se le acerca muy decidida y le pregunta:

—Oiga usted. ¿A cómo me cobraría por subirme dos litros de leche a mi casa?

—A doscientas pesetas, señora —le responde el escritor.

Esta, escandalizada, exclama:

—Pero ¿usted se ha creído que soy millonaria?

A lo que el escritor replica rápidamente:

—¿Y usted se ha creído que yo soy lechero?

* * *

Para divertirse

Una señora sale de paseo y como mejor medio de diversión entra en una zapatería.

—He leído —dice al empleado que le atiende— que tienen ustedes mil modelos diferentes de zapatos.

—Así es, señora —replica el sirviente.

—Pues como no tengo prisa voy a probármelos...

* * *

El disfraz

El joven matrimonio ha sido invitado a un baile de máscaras. Ella ha comprado dos formidables disfraces, pero en el último momento se siente mal y no puede acudir. Su esposo se va solo.

Hacia las nueve, la mujer se siente mejor, se pone el disfraz con el que resulta irreconocible incluso para su marido y se va a la fiesta. Cuando llega ve a su esposo que se divierte con todas las chicas. Se pone entre ellas y no tarda en bailar con él.

Terminan haciendo el amor mucho rato en el jardín; después ella vuelve a casa y se mete en la cama. Al poco rato llega él.

–¿Te has divertido? –le pregunta ella con aire inocente.

–No –responde el marido–. No he bailado ni una sola vez.

–Entonces, ¿qué es lo que has hecho?

–Francamente, querida, he estado en un saloncito con tres amigos jugado al póker. Ya sabes que no me divierto cuando no estás tú... Pero el joven al que he prestado mi disfraz me ha dicho que se ha divertido COMO LOCO con una mujer estupenda...

* * *

El gerente llega a la oficina una mañana, quejándose de un fuerte dolor de cabeza. Los subalternos estaban compadeciéndose de él cuando el recién casado supervisor comenta:

–Precisamente, la semana pasada yo también tenía un terrible dolor de cabeza, pero mi esposa me lo curó inmediatamente. Puede parecer un remedio un poco raro.

pero se quitó toda la ropa, me tendió en la cama y en segundos se me había ido el dolor.

El gerente recogió su sombrero y el abrigo, y dijo:

—He ensayado de todo... ¿está su esposa en casa en este momento?

* * *

De deporte

—Ah —suspira una joven mujer— si solamente pudiera ver un partido de fútbol todas las noches por la televisión.

—¿Le gusta el deporte hasta ese punto?

—Nada de eso. Pero mi marido es un fanático del fútbol. Y cuando está fascinado, delante de la pequeña pantalla criticando y contando las faltas o al árbitro, yo, puedo jugar tranquilamente con mi cuñado.

* * *

Desconfiado

A la vez racista y horriblemente celoso, un marido observa a su mujer que se ha dormido la primera.

Poniéndose rojo de cólera, la coge por el cabello, la desnuda toda y le pega una paliza memorable.

—¿Qué es lo que pasa? —gime la desgraciada—. Estaba soñando que compraba ropa.

—Ropa, —ruge el celoso—. Me hubiera gustado que vieras la cara extasiada que ponías separando tus manos una de la otra unos cuarenta centímetros y diciendo «tendría la misma en negro y más larga».

* * *

Divertido

Volviendo antes de lo previsto, de un paseo por los grandes almacenes, una señora encuentra a su hijo pequeño soplando en la escalera.

—¿Qué haces aquí, querido?

—Oh, me estoy divirtiendo. Es un juego que me han dicho papá y la criada. Debo subir y bajar veinte veces los seis pisos y cuando haya terminado, debo ir a buscar a papá a la habitación de la criada, después de haber silbado tres veces para prevenir que llego.

* * *

Insaciable

Un sexagenario está locamente enamorado d una joven de 18 años.

—Cuando me conozcas mejor, verás que hay dos hombres en mí.

—Cuando tú me conozcas mejor —dice ella—, verás que con dos no será suficiente.

* * *

Mala sorpresa

Un indio ha salido de la reserva para ir a un juicio por divorcio.

—Yo ya no querer a esta mujer —dice el indio categóricamente.

—Y ¿por qué motivo? —dice el juez.

—Indio planta trigo, sale trigo. Indio planta cebada, sale cebada. Indio planta indio y sale chino, eso no puede ser.

Palabras inútiles

Durante una recepción, el mayordomo pregunta a un invitado:

–Ya que eres abogado, ¿cuánto vale un litigio para pe dir el divorcio?

–Todo incluido, unas 60.000 pesetas –responde el abogado–. ¿Es que quiere divorciarse?

–Sí.

–¿Y por qué razón?

–Estoy enamorado de mi cuñada y quiero casarme con ella.

–Escucha –le dice el abogado–, habiéndome acostado con su cuñada y su hermana, le aseguro que no vale la ci fra de 60.000 pesetas.

* * *

No vale la pena

Un industrial que debe estar en París por su trabajo, envía a su mujer de vacaciones a un hotel de la costa. Al viernes siguiente, la telefonea y le dice:

–Querida, vengo a verte el fin de semana. Llegaré en el tren de las ocho.

–¡Oh, no! –protesta ella–, no en éste, se le llama el «tren de los cornudos».

–Ah, bueno –dice el marido, nada contrariado–, en tonces cogeré el de las nueve y doce.

Pasa el fin de semana y marcha el lunes por la maña na a sus ocupaciones. El viernes siguiente llama a su mu jer:

–Vengo el fin de semana. Llegaré en el tren de las nueve y doce.

–¡Oh, sabes! –le dice ella–, esta semana, tú puedes ve
nir en el de las ocho.

* * *

Muy manso

En la clínica la enfermera dice:
–Este bebé es verdaderamente muy lindo: apenas mo-
lesta, se duerme y no llora por la noche.
–Es su retrato...
–¿De su padre?
–No, de mi marido.

* * *

Furioso

Un marido rojo de furia coge a su mujer del cuello.
–Confiesa –le dice–. Me han dicho que me engañas.
–Te han mentido –exclama la desgraciada.
–...con un joven rubio.
–Entonces te han mentido dos veces.

* * *

Un turista en París se subió a un taxi y le dieron uno
de los paseos más espeluznantes, a velocidades vertigino-
sas por calles estrechas y con unas patinadas tremendas.
–¿Cómo demonios puede uno aguantar este tráfico
tan espantoso, todos los días? –dijo el turista cuando
pudo recobrar el habla.
–¡Ah, monsieur! sólo un real hombre puede manejar
un taxi en este París –replicó el taxista–. Y es fácil: con

la mano izquierda, hacemos las señales. Con la derecha, saludamos a las mujeres.

—Pe-pero —balbuceó el aterrorizado turista— ¿cómo es que pueden manejar?

—Ya le dije, monsieur —gritó el chófer del taxi—. ¡En París, sólo verdaderos hombres manejan los taxis!

* * *

Dos hombres de negocios descansaban en la playa de Miami.

—¿Sabes una cosa? —dijo uno—. Esta Jane Russell, yo no sé qué es lo que todo el mundo le ve. Quítale el cabello, los labios, los ojos y la silueta, ¿y qué ves en ella?

El otro hombre gruñó para contestar:

—Mi esposa.

* * *

Un anciano estaba lustrando la lámpara antigua que acababa de comprar en una tienda de antigüedades, cuando un genio se le apareció entre una nube de humo, y le concedió tres deseos. El afortunado dueño de la lámpara pidió inmediatamente un automóvil y 10.000.000 de dólares; en el acto apareció un flamante Cadillac y se llenó de fajos de billetes de 1.000 dólares. Y entonces, el viejo, con los ojos resplandecientes de gusto, usó su tercer deseo:

—Quiero estar entre las piernas de una linda muchacha.

El genio se metió nuevamente entre la lámpara, y el anciano se convirtió en un Tampax.

* * *

La joven se acerca al caballero y le dice:

—Por favor ayude, señor, a sacar a una muchacha de la calle.

—¿Cuánto sugeriría usted? —le pregunta él.

—Eso depende —dice la chica— de cuánto tiempo quiere tenerla usted fuera de la calle.

* * *

Doble golpe

Una pareja está a punto de divorciarse, pero el marido está inquieto:

—Mira —confía a un amigo—, tenemos tres niños, el asunto está igualado, un juez nos obligará a partirlos, pero ¿cómo?

—Lo mejor —le aconseja el otro—, será que esperéis unos meses. Muéstrate afectuoso con tu mujer. Cuando tengáis cuatro niños no habrá problemas.

—Genial —dice el marido.

Un año más tarde se encuentran.

—¿Cómo va, te has divorciado?

—Imagínate. Podrías haberte guardado tu idea.

—¿Hiciste lo que te sugerí?

—Sí.

—¿Y no fue bien?

—¡Qué va! al contrario, dio a luz unos gemelos.

* * *

Condición

El juez de un tribunal de divorcios pregunta al hijo único de un matrimonio separado que comparece ante él:

–¿Con quién prefieres estar, con tu padre o con tu madre?

–Depende. ¿Cuál se queda el coche?

* * *

La causa

Un actor explica a su abogado:

–Me voy a separar de mi mujer y verás por qué: estoy casado hace dos años con una mujer joven, vive con nosotros su hermana, que se parece extraordinariamente.

–No tanto, debe haber diferencia entre tu esposa y su hermana.

–¡Claro!, es por esta diferencia por lo que me quiero divorciar.

* * *

Papá

A lo largo de un proceso de divorcio, una mujer dice al juez:

–Pido la custodia de mi hijo, es mío, después de todo, lo he tenido nueve meses en mi vientre.

–Señor juez –dice el padre–, cuando en una máquina pone una moneda y sale una tableta de chocolate ¿a quién pertenece esta tableta? ¿a la máquina o a quien ha introducido la moneda?

–Está claro –dice el juez–. Confiamos el niño al padre.

* * *

Deprimente

Una pobre mujer pide el divorcio.
–¿Por qué motivo? –le pregunta el juez.
–Mi marido trae cada noche trabajo de la oficina para hacerlo en casa.
–Ese no es un motivo para divorciarse, docenas de millares de maridos se llevan trabajo a casa para realizarlo.
–Sí, pero es que mi marido dirige una funeraria.

* * *

Fácil

–¿Te has divorciado fácilmente? –pregunta un señor a su amigo.
–Sí, sí. Sólo con que te diga que el presidente del Tribunal fue el primer marido de mi mujer.

* * *

Sin seguro

Una pobre mujer cuenta su drama a su abogado:
–Me casé porque no quería pasar las noches sola, motivo por el que quiero pedir el divorcio.

* * *

Venganza

Un marido engañado quiere vengarse revelando su desgracia a la esposa de su rival.

El rival intercepta la carta delatora y, furioso, va al encuentro del pobre marido.

–En fin –le dice–, usted no tiene vergüenza. Es repugnante querer poner a mi mujer al corriente.

–¿Aún tiene la cara de quejarse?

–Claro que me quejo. Después de todo, porque usted sea un cornudo, no tiene que armar cizaña en un matrimonio unido.

* * *

Contraataque

Un pobre hombre vuelve a casa de improviso, contempla con tristeza el espectáculo que tiene ante sus ojos: su mujer desnuda en la cama con el mejor amigo de la familia que por la circunstancia lleva el pijama del marido.

De repente, la bella infiel toma la ofensiva diciendo:

–¿Qúe pasa? No se te va a quedar el pijama.

* * *

Paso libre

El presidente de un tribunal pregunta a una rubia despampanante que atestigua en favor de un granuja.

–¿Con quien estaba usted la noche del crimen?

–Con un hombre.

–¿Y la siguiente?

–Con un hombre.

–¿Y con quien estará usted la próxima noche?

–Perdóneme –interrumpió el fiscal–, esta pregunta ya la había hecho yo en un aplazamiento de la audiencia y su respuesta me dejó muy satisfecho.

* * *

Cabeza de chorlito

Cogida infraganti una esposa intenta justificarse:
—Es sobre todo mi memoria la que es infiel —dice ella—. Había olvidado completamente que volvías hoy.

* * *

Deserción

Un marido muy celoso pregunta a un amigo:
—Te voy a confiar un asunto delicado. Voy de viaje de negocios durante un mes. Vigila a mi mujer de cerca y, si ves algo sospechoso aquí está mi dirección, telefonéame sobre todo.
Ocho días después, el marido recibe un telegrama:
«Vuelve urgentemente».
Acude y pregunta a su amigo:
—Y bien, ¿qué pasa?
—Mira. Después de irte, el hijo del panadero ha venido todas las noches y se iba al amanecer.
—Y hoy me avisas.
—Sí, me habías dicho «si ocurría algo inhabitual». Ayer noche no vino.

* * *

Crédulo

Un señor muy crédulo vuelve de improviso, a las cuatro de la tarde, y encuentra a su mujer en la cama. Ella dice:

—Tengo migraña.

—¿Y esos calcetines en la alfombra?

—Son para ti, querido. Acabo de tricotarlos.

Una vez afeitado, abre un armario para poner su abrigo y ve un individuo mal vestido.

—¿Qué hace aquí?

—Si has sido tan burro como para creerte la historia de los calcetines, entonces me creerías seguramente si te digo que estoy esperando el autobús.

* * *

Un servicio

Dos jóvenes comediantes comentan:

—Sabe —dice una—, que Brigitte está en cinta.

—¡Oh, ya sé de quién!

—¡Qué bien!, díselo, le harás un favor.

* * *

Golpe de suerte

Volviendo llorando del dispensario municipal, una hija de modestos obreros cuenta a sus padres:

—He salido muchas veces con el hijo del célebre banquero Scharzemberg. Al principio, él estuvo muy correcto, pero después, una noche, me llevó en coche al Bosque de Mendon y allí, a pesar de mi resistencia, me violó. Y ahora, espero un niño.

—¡Por Dios —exclama el padre—, esto no quedará así!

Corre a casa del banquero, amenaza a las sirvientas con armar un escándalo y consigue finalmente hacerse recibir por el millonario al que le cuenta toda la historia.

Muy enojado, el banquero le dice:

–De acuerdo, no es cuestión de que mi hijo se case con vuestra hija, pero quiero reparar el entuerto que le ha causado. Esto es, entonces, lo que le propongo. Si ella da a luz una niña, le entregaré inmediatamente la suma de 2 millones y medio de pesetas y si es niño la indemnización será de tres millones de pesetas.

–Gracias, gracias –balbucea el padre, asombrado–. Pero falta un detalle. En el caso de que mi hija aborte, ¿vuestro hijo aceptará acordar una segunda oportunidad?

* * *

Línea amarilla

Un diplomático francés, recien nombrado en Pekín, habla con un alto funcionario chino:

–En nuestro país –dice el chino–, el adulterio está tan duramente castigado por la ley que ha desaparecido totalmente.

–Que supriman lo que hay de malo en el régimen capitalista –exclama el francés–, lo comprendo y lo apruebo. Pero, por lo menos, deberían conservar lo que tiene de bueno.

* * *

Cuando encontró a su esposo en la cama con otra mujer, la esposa levanta furiosa un cenicero para tirárselo.

–Pero, amor, es sólo una pobre muchacha que la tuve que recoger en la carretera –trató de explicarle a su mujer–. La chica tenía hambre y le di de comer. Entonces vi que las sandalias las tenía rotas, así que le di ese par viejo que no te has puesto por lo menos en doce años. Luego noté que su camisa estaba desgarrada, y le regalé esa blusa vieja que archivaste desde 1969. Y sus pantalones estaban llenos de parches y rotos, así que le ofrecí un par de slacks viejos que nunca te pones. Pero cuando ya se iba, me preguntó: «¿Hay algo más que su mujer ya no use?».

* * *

Juanito está visitando el zoológico con su padre, y se queda mirando, fascinado a un elefante.

–Oye, papá –le pregunta el chico–, ¿qué es eso que le cuelga?

–¡Oh!, ese es el trasero del elefante –responde el padre.

–No, me refiero a lo que tiene allá detrás.

–¡Oh!, esa es la cola.

–No, no, papá –insiste Juanito–. Allí, mira, entre las piernas.

–Ese es el pene del elefante.

–Qué raro –comenta Juanito–. ¡La última vez que estuvimos aquí, mi mamá dijo que eso no era nada!

–Bueno, hijito –replicó el papá–, tienes que recordar que tu mamá es una mujer muy exigente.

* * *

Ojo por ojo

–¿Vio disparar? –pregunta el presidente del tribunal.

–No, pero oí el disparo –responde el testigo.

–Eso no es prueba suficiente.

De pronto el testigo se vuelve y murmura:

–Especie de imbécil.

–¿Cómo se atreve a injuriar así al tribunal? –dice el presidente.

–¿Me ha visto? –pregunta el testigo.

—No, pero le he oído perfectamente.
—Lo sé, pero eso no es prueba suficiente.

* * *

Hombre para todo

Un turista tuvo problemas con un hotelero español, y fue a consultar a un abogado que le habían recomendado. Este, un aristócrata arruinado, vive en un viejo caserón. A pesar de su mala suerte, se le nota todavía mucha soberbia.
—Señor —dice—, ante todo, le voy a decir mis tarifas. Cobro 50.000 pesetas por causas criminales, 25.000 pesetas por los procesos civiles, 12.000 por accidentes de automóvil, 5.000 pesetas por consultas jurídicas y 500 pesetas a la hora por cuidar niños a la noche. Ahora dígame ¿qué desea?

* * *

Ausencia

En el momento en que el abogado de un criminal castigado con la pena capital, va a entablar su defensa, se da cuenta de un vacío en las hileras donde están sentados los miembros del jurado.
—Señor presidente —dice— podría usted decirme dónde está el séptimo miembro del jurado?
—Ha tenido que marcharse —aclara otro miembro del jurado—, ya que tenía una cita importante. Pero tranquilícese —indica, enseñando un trozo de papel—, me ha dejado su veredicto.

* * *

Demasiado caro

–Doctor –dice un individuo perturbado al psicoanalista–, quisiera que viera a mi mujer.

–Y bien ¿qué le pasa?

–Desde hace algunos meses ha adquirido la costumbre de pedirme 2.000 pesetas cada vez que hago el amor con ella.

–Este comportamiento –explica el especialista– aunque pueda parecerle sorprendente, no es más que una tendencia neurótica e impulsos erótico-castrenses por parte de su esposa que...

–Lo que realmente me inquieta –interrumpe el buen hombre, aturdido por tal jerigonza– es el porqué a mí me pide 2.000 pesetas y con todos mis amigos se contenta con la mitad.

* * *

Celos

Una enfermera novata, viendo a un enfermo con la cabeza llena de vendajes, pregunta:

–¿Qué le ha pasado?

–Es por causa de sus rodillas –le responde una compañera.

–¿A causa de sus rodillas?

–Sí. Su mujer se presentó de improviso en su oficina y se lo encontró con la secretaria sentada en sus rodillas. Llena de celos le asestó un golpe con la máquina de escribir.

* * *

¡Curado!

Un mudo de nacimiento ha consultado en vano durante treinta años a los mejores especialistas, sin que ninguno le haya podido hacer pronunciar una sola palabra.

Un amigo le propone un día:

–Ve a consultar al Dr. Dubois-Silberstein. Parece ser que ha realizado curaciones milagrosas.

Desesperado, el mudo pide hora al doctor.

De entrada el médico le ordena:

–Bájese el pantalón y los calzoncillos y apóyese sobre ese escritorio.

Un poco sorprendido, el paciente obedece.

Sin previo aviso, el médico se coloca detrás de él y cogiéndole por los hombros le penetra vigorosamente.

Al sentir el dolor el mudo grita:

–¡Aaaaaaaaah!

–Bien –dice el médico–, abrochándose el pantalón. Vuelva el martes próximo para la B.

* * *

–Mamá –preguntó la inocente muchachita– ¿recuerdas que me dijiste que la mejor manera de llegar al corazón de un hombre era a través de su estómago?

–Sí, querida, ¿por qué? –respondió la madre.

–Bueno –exclama la niña muy orgullosa– ¡anoche descubrí una manera completamente nueva!

* * *

La pareja de casados sostenían una acalorada discusión. Al fin, la esposa exclamó:

–¡Fui una tonta al casarme contigo!

–Creo que sí –dijo calmadamente el esposo–, pero ese

día yo estaba tan excitado y con tantas ganas que ni siquiera me di cuenta de eso...

* * *

Un borracho iba trastabillando por la acera, con un pie en la cuneta y otro en el andén. Un transeúnte le gritó:

—Hola, ¿qúe te pasa, amigo? Llevas un pie arrastrando en la cuneta. Debes estar muy borracho para andar así.

—¡Oh, gracias a Dios! —gritó el borracho—. ¡Pensé que me había vuelto cojo!

* * *

Un tipo había aparcado el auto en una carretera solitaria y rural, y tenía una chica dentro. En eso se le arrima un policía, lo alumbra con una linterna y le dice:

—¿Qué hace usted?

El hombre respondió:

—Nada.

Y el agente le replica:

—Entonces bájese del auto y téngame la linterna.

* * *

Matizar

—Doctor —explica una señora de alto nivel social, francamente agraciada embutida en su traje Chanel—, temo haber hecho una tontería convirtiéndome en la amante de un joven que conocí jugando a tenis. Creo que me ha contagiado una enfermedad venérea.

—Vamos a ver. Desnúdese.

Una vez desnuda la paciente, el médico la examina

con mucha atención y procede a realizar algunos análisis. De pronto, desnudándose con la rapidez del rayo, se precipita sobre ella.

—¡Doctor! ¿qué hace Vd., va a violarme?

—No, señora —responde el médico—, sólo quiero tranquilizarla.

* * *

Pequeño recuerdo

Sufriendo inflamación de una trompa uterina, una señora acude a consultar a su médico, quien concluye su reconocimiento con estas palabras:

—Es una «salpingitis».

La paciente que no había oído nunca ese nombre, pregunta:

—¿Y eso de qué viene, doctor?

—Del griego.

—¡Oh —exclama contrariada—, el puerco! ¿Quién hubiera pensado eso de un director de Banco en Atenas?

* * *

Dulcemente

Habiendo resbalado de un tejado, un pizarrero cayó de una altura de dos pisos, rompiéndose las dos piernas. Es llevado al hospital, donde el cirujano decide amputarle por encima de las rodillas. Después telefonea al comisario del barrio que encarga a uno de sus agentes el llevar la noticia delicadamente a la mujer del desventurado.

El joven policía se presenta en casa del plomero y anuncia de sopetón a la señora que le abre la puerta:

—Su marido ha caído del tejado. Ha muerto.

La mujer se desvanece. Cuando recobra el sentido, el agente le dice alegremente:

—¡Sorpresa! Sólo se ha quedado sin piernas.

* * *

Un señor se impacienta delante de una cabina de teléfonos, en cuyo interior hay una señora que lleva media hora buscando en los listines, al parecer sin encontrar lo que busca.

Finalmente se decide a entreabrir la puerta y pregunta amablemente:

—¿Puedo ayudarla, señora?

—¡Oh, si fuera tan amable!

—¿Qué busca exactamente?

—Pues verá, busco un nombre para el bebé de una amiga que deberá nacer en unos días.

* * *

—Nosotros —dice el obrero a un colega de otra fábrica—, tenemos un patrón formidable.

—¿Y qué ha hecho para ser tan extraordinario?

—Nos ha suprimido la prima de vacaciones.

—¿Y es eso lo que os hace extasiar?

—Sí. Pues nos ha explicado bien el problema de la siguiente forma: «De esta prima de vacaciones, vosotros ni le véis el pelo, pues vuestras mujeres la incluyen instantáneamente en los gastos de la casa. Mientras que, si estáis de acuerdo, la reemplazaremos, en la semana precedente a las vacaciones, por un rato en compañía de mi secretaria, para que os haga pasar un buen rato...».

* * *

Un gran cazador recibe a un amigo y le muestra orgullosamente sus trofeos de caza, colgados en la pared de su mansión:

—Pero allí —exclama de pronto el visitante—. ¿Qué es lo que ven mis ojos? ¿Acaso no es la cabeza de una mujer sonriendo? ¿Es posible?

—Exacto —reconoce el cazador—. Es mi suegra. Hasta el último momento estuvo convencida de que la fotografiaba.

* * *

Un desgraciado hombre joven, llega extenuado a la consulta de un médico:

—No puedo más, doctor, no puedo más. Si no hace algo por mí, me suicido ¡la vida no es posible! Mi mujer tiene tales deseos sexuales que no me tengo en pie. ¡Me muero! ¡Comprenda doctor, doce veces al día, no es normal! ¡He aguantado tres días, pero ahora no puedo más!

—Tengo una idea —dice el médico—. No se lave. En unos días olerá tan mal que su mujer ni se atreverá a acercarse.

A la mañana siguiente, el pobre hombre acude de nuevo al doctor:

—¡Ah, no, doctor! ¡No hay esperanza! ¡Pensé que su idea tomaría algún tiempo y como yo no aguntaba ni un día más, pensé en algo más radical. En fin, por lo menos, así lo creía. Enrollé un arenque en mi pito.

—¡Bien! —exclama el médico—, buena idea... ¿y entonces?

—Entonces —continuó el pobre tipo—, ella se levantó, se fue a la cocina y regresó con pan y un litro de tinto...

* * *

Un hombre entra en una farmacia:

—¡Mi suegra quiere envenenarse con mata-ratas!

—¡Lo siento! —dice el farmacéutico—. No tengo antídoto.

El otro.

—¡No he hablado a Vd. de antídoto! Quiero mata-ratas!

* * *

¡Pum!

En Chicago, una esposa engañada va a hablar con su abogado.

—Me quiero divorciar.

—Es fácil, señora. Verá, me ha de dar 400 dólares.

—¡400 dólares! —exclama la mujer—. ¡Ah, no! ¡ni hablar! Le puedo hacer matar por la mitad de precio.

* * *

Irrecuperable

Un joven representante, totalmente estúpido, se ve obligado, por una avería del coche a buscar refugio, por la noche, en una granja habitada por una viuda todavía apetitosa.

Ella le acoge con alegría, le prepara una deliciosa cena, después le lleva a su habitación y le dice con un pestañeo lánguido:

—Yo duermo en la habitación de al lado pero la puerta entre las dos habitaciones cierra mal.

—Gracias por prevenirme —dice el tonto—. La aguantaré con la silla.

Chica para todo

En un hotel de tres estrellas un cliente llama a la camarera. Esta, una agradable rubita, llega inmediatamente. Sin decir nada, el cliente la coge por un brazo, le arranca su vestido, la mete encima de la cama y la viola varias veces. Después la pone desnuda en el pasillo de una patada en el trasero.

Diez segundos más tarde llaman a la puerta de la habitación. El cliente va a abrir: Es la joven camarera que le dice sonriendo:

—Perdóneme, señor, pero, con el calor de la acción se ha olvidado decirme para qué me había llamado.

* * *

Inolvidable

Un señor, cuya mujer ha sido violada, delante de sus propios ojos, por un granuja, le dice:

—Nunca en mi vida podré olvidar esa cara.

—¿La sonrisa sádica del hombre que me violaba?

—No, tu sonrisa abierta durante todo el rato que esto ha durado.

* * *

—No le comprendo —dice un armero a uno de sus vendedores—: un marido celoso entra en el almacén, echando espuma por la boca, decidido a comprar un revólver para pulverizar al amante de su mujer. Y Vd., en lugar de darle lo que quiere, se pasa media hora dándole un sermón sobre la grandeza del perdón y le deja marchar sin el arma... ¿Es Vd. idiota o qué?

–No... más que nada es... ¡que el amante de su mujer soy yo!

* * *

Pasa por todo

Tres señoras llegan al cielo y San Pedro interroga a la primera:
–¿Has sido casta en la tierra?
–No se podía ser más –responde ella muy seriamente.
–Coge la llave de oro. Ella os abrirá el paraíso. ¿Y tú?
–Yo –dice la segunda–, así, así.
–Entonces, coge la llave de plata. Te abrirá el purgatorio. ¿Y tú?
–¿Casta? –dice la tercera–. Yo he pasado de todo.
–Perfecto –dice San Pedro–. Coge esta llave de acero. Es la de mi habitación. Yo te sigo.

* * *

Mala sorpresa

–Pero Gastón, ¿qué te ha ocurrido? ¿Has pasado debajo de un autobús para venir con un brazo y una pierna escayolada?
–No, peor que eso. ¿Te acuerdas de aquella pequeña rubia que encontré en un bar y me dijo que era viuda?
–Sí.
–Pues bien, no lo era del todo.

* * *

Pacotilla

Muy alarmada, una joven acude a consultar a un dermatólogo.

–Mire –le dice tras levantarse la falda–. Tengo dos manchas verdes en el interior de los muslos.

–Curioso, en efecto –contesta el especialista–. Permítame una pregunta un tanto indiscreta: ¿No tiene Vd. por casualidad entre sus amigos, a un gitano?

–Sí –reconoce la joven, enrojeciendo–. Pero, ¿cuál es la relación?

–Muy simple. Cuando vuelva a verle, dígale simplemente que contrariamente a lo que él cree, sus pendientes no son de oro.

* * *

Timidez

–Disculpe, señor –dice un transeúnte–, ¿tendría Vd. fuego?

El otro busca en sus bolsillos una caja de cerillas. Saca sucesivamente una, dos, tres, cuatro, diez cajas de aspirinas pero ni una sola cerilla.

–Lo siento –dice desolado–, no tengo.

–Es igual. Pero permítame una pregunta indiscreta: tantas aspirinas en sus bolsillos. ¿Acaso le duele la cabeza frecuentemente?

–En absoluto. Pero cada vez que entro en una farmacia a comprar preservativos, como hecho a propósito, sólo hay señoras en la tienda.

* * *

Gafe

Un agricultor se quejaba a su médico de que sus fuerzas en el terreno amoroso iban en declive.

–Cuando esté en el campo y se sienta en buena disposición –le aconseja el doctor–, no vacile en abandonar su trabajo y corra a apagar sus deseos al lado de su esposa.

–Lo he intentado –dice el campesino–, pero el cansancio es demasiado fuerte para mí. Cuando llego al lado de mi esposa mis deseos no son más que una chispita.

–Entonces –sugiere el médico– lleve siempre al hombro su fusil, y cuando sienta ansias no tiene más que disparar al aire para que su mujer se reuna corriendo con Vd.

–¡Buena idea! –contesta el hombre, y se marcha.

Dos meses más tarde, el médico lo encuentra:

–¿Y bien? ¿Ha dado resultado el método del fusil?

–Formidable, doctor. Por lo menos durante las tres primeras semanas. Después se inició la temporada de cacería... y desde entonces no he vuelto a ver a mi mujer.

* * *

Gafe

El empleado de una oficina se ríe burlonamente cuando le vienen a pedir su contribución al regalo de bodas de una secretaria que conoce íntimamente, con uno de sus colegas:

–El regalo más útil que se le puede hacer a ese infeliz, es indicarle la dirección de un buen especialista en enfermedades venéreas.

* * *

Un agente viajero estuvo afortunado desde la primera noche que llegó al pueblo y se consiguió a la manicurista de una barbería. Se entendieron muy bien y, después de cenar y bailar un poco, él logró que ella lo aceptara a pasar la noche en su apartamento. Para manifestarle su agradecimiento por el buen rato que él le había proporcionado, la manicurista insistió en manicurarlo antes de que se fuera del pueblo.

Meses más tarde, el hombre volvió al mismo pueblo y se la encontró ahora en el saloncito local de cócteles.

–¿No te acuerdas de mí? –le preguntó ella.

–¿Que si me acuerdo? ¿Quién va a olvidar una sadista que le pega a uno una erupción y luego le corta las uñas para que no tenga con que rascarse?

* * *

Muerte dulce

En un reino feudal de Arabia, tres hombres se introducen en un harén del rey y son sorprendidos por los guardias haciendo el amor con tres concubinas del soberano.

Este, furioso, los hace comparecer ante él:

–Habéis pecado por el sexo –les dice–, seréis castigados por el sexo.

Busca en la cartera del primero el carnet de identidad: charcutero.

–Perfecto –dice el rey–, tendréis el sexo como pastel de carne.

Abre la cartera del segundo y lee: «carpintero».

–Que se la cepillen –ordena.

En ese momento, el tercero explota de risa.

–Está loco –grita el rey.

Abre la cartera del último condenado y lee en voz alta

su profesión escrita en el carnet de identidad: «fabricante de chupetes».

* * *

Todo en la cama

Un representante llama a la puerta de un edificio de las afueras. Una niña pequeña le abre:
—¿Dónde está tu mamá? —pregunta el hombre.
—Está en la cama, señor.
—¡Ah! ¿Está enferma, seguro?
—No lo sé. Hay un señor con ella.
—Es probablemente el médico.
—¡Oh! —dice la niña—, yo creo que es otro enfermo.
—¿Qué te hace pensar eso?
—Pues que él también está en la cama.

* * *

El tiraje

Un hombre, muy satisfecho de él, se chulea cuando la enfermera de la clínica le anuncia que su mujer acaba de dar a luz un hermoso bebé de cuatro kilos de peso.
—No tiene nada de sorprendente —dice guiñando el ojo y señalando su pantalón—: ¡con la chimenea que tengo!
—Bueno —dice el médico-comadrón—, tendría que hacérsela deshollinar (la chimenea) porque he olvidado decirle que su soberbio chico es todo negro.

* * *

Un hombre entra en un estanco.

–Una caja de cerillas –grita.

–¡No tan alto! ¡no soy sordo! –dice el estanquero. Y añade: –¿Con o sin filtro...?

* * *

Llaman. El doctor acude.

En el humbral, un hombre llevando un tonel en una carretilla.

–Debe equivocarse –dice el médico–; no he encargado vino

–¿No me reconoce, doctor? Soy un paciente suyo. Me dijo que volviera a los dos meses con mi orina.